생각의 배신
The Way of Thinking

생각의 배신
The Way of Thinking

裵種彬 배종빈——著
陳思瑋——譯

首爾精神科醫生的想不停自救指南

생각의 배신

運用腦科學破解「鑽牛角尖」的反芻思考，
脫離內耗惡性循環

方舟文化

序　思維是問題所在

本來夢想成為科學家的我，成為了精神科醫生。我的診療與研究工作並行，生活看似一直照計畫前進著，直到二〇二一年冬天，我聽到了突如其來的消息。得知一年後我的職位會被解除，我腦中的警示燈亮起，內心變得焦躁不安。

遇到的問題與對未來的擔憂，讓我實在無法專注於該做的事情上。我越來越憂鬱、心情低落、沒有幹勁，於是也沒了開始新事物的力氣。無論是原本從事的研究還是往後的人生，都讓我覺得很吃力。我感到不安與緊張，彷彿每次點開電子信箱都會發生意料之外的事。

某個跟往常一樣的上班日，我在公車上忽然呼吸困難，胸口悶悶的，好像被沉甸甸的石頭壓住了。我的心臟跳得很快、手腳冰冷，彷彿就快死掉的恐懼感襲來——我想靠深呼吸來平復心情，卻很難辦到。後來，這種狀況持續在每次上班時發生。

在症狀越發嚴重，影響到職場生活後，我開始考慮放棄醫院的工作。結果我在二〇二二年二月交出辭職信，離開了醫院。原本還期待離開醫院後狀況會好轉，但隨著時間拉長，我反而更加痛苦。我覺得自己是「放棄夢想的失敗者」，這種想法讓我更加壓抑。

由於自覺不能這樣下去，於是我再次慢慢檢視起自己的狀態。細細回想過往光，讓我感到憂鬱與不安的，並非所處的狀況或即將面臨的未來，而是自己對問題的思考、對未來的擔憂、對自我反覆的消極想法，導致我心情低落，身體緊張。雖然很期待狀況不一樣就能好轉，但只要重複出現負面想法，就會繼續憂鬱與不安。其實相較於狀況如何，思維才是問題的所在。

儘管因思維而備受煎熬，但多數人並不認為陷入思考是實際的問題，因為我們社會給予思考行為正面評價，而我們也從小就接受許多思考的教育。對精神健康不太了解的人常會勸他人要多「改變想法」、「正面思考」，但這種勸告對於正在經歷精神障礙的人而言，大多沒有幫助。

最近的腦科學研究證明，深陷思考的狀態與各種精神障礙密切相關，思考和精神障礙發生的可能性、預後狀況有著很深的關聯；同時，也有很多關於「心神漫遊」（mind wandering）、「反芻思考」（rumination）、「重複性負面思考」（repetitive negative thinking, RNT）、「擔憂」等與憂鬱症、焦慮症密切相關的研究正在進行中。為了預防和治療憂鬱症與焦慮症，最近我以這些研究為基礎，正在嘗試各式各樣能減少重複性思考的方法。

過去幾年間，我聽了很多患者的思維，也和他們一起尋找擺脫思考的方式，我發現「深陷思維」是問題的所在；我好幾次目睹擺脫思維對憂鬱與焦慮症狀的好轉帶來很大幫助。而且我所看到的結果是，好轉後不再陷入思考，讓很多人更加幸福。

本書以我目前積累的臨床經驗與腦科學研究等內容為基礎，是為了提供具體且實質性的幫助給「想法太多的人」而寫。第一章中，我們會了解重複性思考引發憂鬱症與焦慮症的過程，談論擺脫思考會如何減少憂鬱、焦慮，並培養出幸福感。在第二章裡，我們將了解主要都是什麼樣的想法在腦中反覆出現，我會點出必須記住什麼才能擺脫這些想法。第三章中，我會說明深陷思維的情況，並告訴大家該如何克服這種狀況。第四章介紹了為擺脫重複性思考、投入當下必做工作的具體技術。這些方法很簡單，但對很多人有效，如果能運用到實際生活中，不僅能擺脫重複性思考，也有助於減少因想法而生的憂鬱與焦慮。

本書並非靠我一己之力出版的。曾有許多患者踏入過我的診療室，在治療他們的過程中，短暫的診療讓我感覺到時間的侷限，因而切身體會到了這本書的必要性。幫助到許多病患的辦法成為了這本書的基礎，感謝所有在診療過程中給予我靈感與洞見的患者。我改編了診療現場常接觸到的病患故事，所有案例都使用假名。

治療最重要的是「希望病患能好起來的心」，在治療過程中我經常遇到這種「心情比任何知識與技術都更具療效」的情況。寫這本書時我期許自己能讓讀者擺脫憂鬱與焦慮並獲得幸福。希望我能把這樣的想法傳達給大家，讓各位痛苦的心情能好轉，找回健康的日常生活。

CONTENTS

第3章 負面想法先預防？你也辦得到：深陷思考中的情況 103

第4章 思考簡單，行動迅速：擺脫思考惡性循環的十種技巧 139

第 1 章

思考會引發心理疾病嗎？

思維的背叛

思考是人類本質的行為之一，
很多人將思考視為正面的行為。
然而不同於常識的是，思考也會使我們不幸，
有時還會誘發憂鬱與焦慮感，引發精神障礙。
本章我們將了解思考如何使我們不幸並誘發精神障礙。

1 負面情緒，越想就越強

對思考的誤解

思考是有意識的精神活動，不同於單純的眼看、耳聽、肢體動作。我們花在思考上的時間和眼看、耳聽、肢體動作的時間相當，實際上，人在醒著的時間中約有四七%在想著非當下的事情。[1]法國哲學家笛卡爾在著作《談談方法》（*Discours de la méthode*）中表示，就算我們認為一切都是謊言，這種想法也在證明著自己的存在。所以他說「我思故我在」是不容質疑的哲學第一原理。於是，我們也可以說——思考是人類的一種本質行為。

很多人對思考行為抱持正面的態度，我們能從大家使用的各種表達中看到這種觀點。我們會指著思慮特別周密的人說：「他想得很深。」反之，也會指著衝動的人說：「他沒在思考。」韓國有句俗話說：「多想，少說，少寫。」這句話強調思考應該先於言語與行動。

實際上，我們都在成長過程中不斷學習思考的方法。思考是分析與解決問題、維繫關係，還有身為社會一員生活所需的。然而聽患有精神障礙的病患敘述時，我經常發現，思考反而讓病患感到辛苦或陷入憂鬱與焦慮。讓我們看看以下的例子：

娜璉是一位二十幾歲的女生，她積極進取、熱情洋溢，在比其他朋友都更年輕時就進入自己想進的公司，比任何人都努力工作。娜璉在公司獲得認可，而她自己也在工作中感受到成就感。某次，一起入職的同事拜託娜璉幫他做他所負責的工作，娜璉爽快答應了。從那天以後，這位同事就反覆要求娜璉幫他工作。有一次，娜璉因為工作堆積如山，拒絕了同事，同事卻失望地問：「居然連這種事都不幫嗎？」從此以後，娜璉時常反覆想起同事無禮的行為。她因同事的行為而感到不快，所以不斷思考同事為何對她做出這種事，自己往後又該如何應對。這些想法成天縈繞在娜璉的腦海中，尤其是休息或睡覺時，想法總一個接著一個出現。後來，娜璉的心情變得極度低落，一進公司就感到焦慮，一想到同事就會心悸。回家後她非常疲憊，卻又因為想太多而難以入睡。

對娜璉而言，同事的無禮行為成為了思考的起點。然而重點並不在事件本身，而是之後娜璉產生的想法引發了各種症狀。持續不斷的思考變成憂鬱與焦慮的原因。

負面想法與憂鬱的惡性循環

另一方面，由於憂鬱與焦慮的關係，想法也會變多。憂鬱症會引發無力感，而當憂鬱症患者的活動減少，思考時間也就隨之增加。正在經歷焦慮的患者，對於誘發焦慮之情況的想法與擔心也在增加。讓我們看看以下的例子：

智友一直都有經前症候群。一到生理期的那星期，她就會身體不舒服、情緒低落，變得無精打采，就連平時擅長的工作也做得很費力、很辛苦，大部分的時間都在平時不會產生的負面想法與對未來的擔憂中度過。憂鬱與無力感加重時，她甚至會想自己這樣活著有什麼意義。智友的例子應該能被視為一種惡性循環，她因憂鬱與焦慮導致想法變多，而負面想法又繼而引發憂鬱與焦慮。

荷蘭萊頓大學（Universiteit Leiden）研究團隊研究了重複性負面思考和憂鬱、焦慮的關係。以兩千多位荷蘭人為研究對象，研究團隊測量了受試者的重複性思考與擔憂程度，確認他們是否有憂鬱與焦慮障礙。結果顯示，重複性的想法和是否有憂鬱、焦慮障礙密切相關，即便是當下沒有問題，想法多的人在三年後也很有可能會面臨心理上的困難。不僅如此，經常反

覆思考和擔心的憂鬱症與焦慮症患者，其相關障礙在三年後也很有可能持續存在。這種反覆的想法與擔憂確定會影響憂鬱症和焦慮症的發生與延續。[2,3]

以非患者的一般人為對象的研究也顯示，沉浸思考與幸福感密切相關。一項由哈佛大學研究團隊所做的有趣研究被刊登在《科學》（*Science*）期刊上，以八十三國的五千多人為研究對象，研究團隊利用手機應用程式來研究人類做什麼行為會變幸福或不幸。此應用程式會不時傳訊息給使用者，讓他們自我評價，回答自己現在正在做什麼、有多幸福、在想什麼現在並未進行的其他事。資料分析結果顯示，讓人感到幸福的行為依序是：性愛、運動、對話、玩耍、聽音樂；**相反地，人在負面想法中徘徊時最不幸。**[4]這種重複性的負面思考不僅阻礙了我們該做的事，還使我們不幸。

重點處方

思考是人類本質的行為之一，很多人將思考視為正面行為。然而不同於常識的是，思考也會使我們不幸，有時還會誘發憂鬱與焦慮感，引發精神障礙。

2 思考如何使我們生病？

應對焦慮的大腦控制塔

我們體內始終不斷變化的器官就是大腦。大腦由眾多神經細胞與神經細胞間的連結組成，大腦的特點就是能以應對外部環境的方式不斷變化。

關於大腦會根據需要而變化這件事，倫敦計程車司機的故事就是一個很好的例子。英國倫敦有超過兩萬六千條毫無設計規則的道路，還有數千個地標。要在倫敦開計程車必須通過名為「倫敦知識」（Knowledge of London）的駕照考試，應試者必須僅靠出發地和目的地資訊找出最快路線，而且每次轉彎都要靠腦中的地圖說明周遭有哪些地標。應試者必須反覆訓練，背熟倫敦地理並找出最快路線。研究員發現，應試者腦中負責記憶的海馬迴會變大，其密度也會變高。[5]這些研究結果顯示，**我們的大腦在學習過程中會發生變化，此稱為神經可塑性（neuroplasticity）**。神經可塑性指的是，神經細胞透過生長與重組而自行改變神經迴路的能力。**我們的大腦會以神經可塑性為基礎，創造出一個能夠適當應對周遭環境的狀態。**接下來，請看看昇勳的例子吧！

二十多歲的大學生昇勳個性積極開朗，在團體中是傾向主導的個性，只要有需要上台報告的工作他就會站出來。然而自從某件事發生之後，上台報告對他而言不但變得困難，還令他感到恐懼。那是開學後主修科目的第一次上台報告日，昇勳是第一個報告的人。他準備了很久，對於報告很有自信，所以並不會太緊張。然而過程中，教授打斷他的報告，並且在其他學生面前批評了他，說：「這是最糟糕的報告，你的報告向大家示範了，這樣報告絕對不行。」昇勳的頭抬不起來，想立刻衝出教室。教授站在昇勳面前向學生們說明了很久，這對昇勳來說是一段無比痛苦的時間。從那之後，昇勳開始害怕上台報告，一想到要報告就胸口悶、手心冒汗；實際報告時他發不出聲音，也沒有自信。最後，昇勳沒能克服對上台報告的恐懼，決定休學。

大腦神經可塑性發揮的時刻之一，就是在我們面臨到生存威脅的時候。也許你覺得昇動的情況並沒有到受生存威脅的程度，但人身為社會性動物，當覺得丟臉或羞恥時，就會感受到可能被拋棄的生存威脅。教授批評昇動的報告時，昇動想立刻避免這種情況，他出現的各種身體反應，就是大腦在危險狀況下會出現的反應。遇到生存威脅，大腦就會變成能更容易保護我們的模式。為了了解大腦在危險情況下如何變化，就要說明一下杏仁核和內側前額葉皮質。

大腦的兩個控制塔

杏仁核在大腦中扮演著瞭望台的角色。杏仁核會感知危險，當它判斷身體受到威脅，警報就會響起，讓身心準備去應對危險。例如我們看到蛇被嚇一跳，心跳加速、呼吸急促，就是身為瞭望台的杏仁核所發出的警報反應所引起的。

內側前額葉皮質扮演中央控制塔的角色。當杏仁核的警報響起，它就會出動調查組，去確認是否實際處於危險狀態。如果杏仁核覺得實際上並不危險，就會透過抑制杏仁核來停止警報。我們看到模型蛇先嚇了一跳，而後發現那是玩具心情平穩下來，就是因為身為中央控制塔的內側前額葉皮質抑制了杏仁核的活性。

就像瞭望台和中央控制塔會各自發揮作用，守護村莊免於危險一樣，杏仁核與內側前額葉皮質也交互作用，保護我們的身心免於威脅。然而，如果持續暴露於生存威脅下，杏仁核與內側前額葉皮質的平衡就會被破壞，杏仁核持續活躍，內側前額葉皮層的抑制功能卻減弱。如果兩者的平衡被破壞，受到刺激時就會產生激烈的情感波動，且很難抑制情感所帶來的壓力反應。[6]

重複性的負面想法讓我們大腦的狀態變得和感受到生存威脅時一樣。**大腦無法區分想像與現實，**

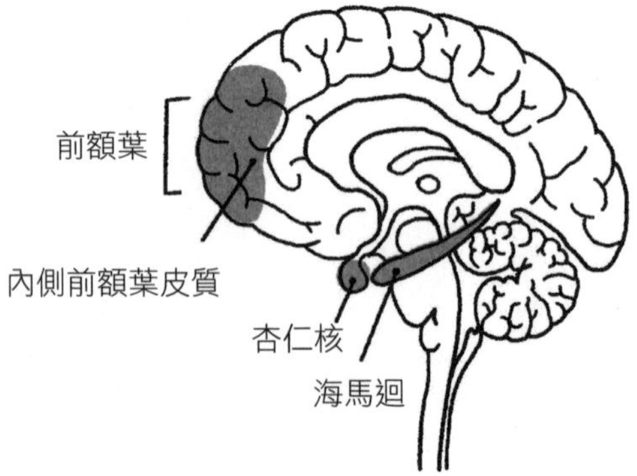

所以當你反覆思考某種情況，大腦就會誤以為我們實際上已反覆經歷了那樣的狀態。舉例來說，和朋友吵架後回家又想起這件事，大腦會認為又進入了和他人吵架的狀況，進而引起各種壓力反應，於是引發情緒的杏仁核便會誘發焦慮與緊張，讓人出現心跳加速、呼吸急促等反應。

匹茲堡大學（University of Pittsburgh）研究團隊曾實際對照三十五位憂鬱症患者與二十九位健康的人，了解患者反芻負面思

內側前額葉皮層：
沒有啦！只是玩具而
已，不用害怕。
杏仁核：
前面有蛇！

考的程度，並做了能展示大腦功能的 fMRI（功能性磁振造影）。結果他們發現，越反覆想負面思考，杏仁核究就越持續活躍。[7]

如果昇動沒有反覆思考當時的經歷，他對上台報告的恐懼也許就不會那麼嚴重。但由於負面思考的反覆，杏仁核反而活躍了起來，再加上抑制這種反應的內側前額葉皮質功能減弱，於是就演變成「焦慮到無法正常報告」了。反覆負面思考的人會更頻繁、更深刻地感受到憂鬱與焦慮，並伴隨失眠等各種身體上的症狀，這些情況容易讓人患上憂鬱症與焦慮症。

重點處方

我們的大腦以神經可塑性為基礎，創造了一個能適當應對周遭環境的狀態。一旦遇到生存威脅，大腦就會變成能更容易保護我們的模式。重複負面思考時，大腦會認為我們正實際處於危險狀況，進而引發壓力反應。結果憂鬱與焦慮感就會變得更加頻繁、深刻，讓人容易患上憂鬱症和焦慮症。

3 反覆思考，腦袋疲乏的根源

大腦的「精神疲勞」

定延是一位三十多歲的女性，她已經當了九年的上班族。原本，九年間的職場生活都沒什麼大問題，然而自一年前換了部門後，她就開始和身為上司的部門負責人產生衝突。部門負責人經常批評定延所執行的工作，還責罵她：「你只能做到這種程度嗎？」定延很傷心，然而她覺得只要不把傷心表現出來並努力工作，總有一天會得到認可。於是她加倍努力，面對部門負責人的指責也都忍住不回嘴。然而，部門負責人依然不看好定延，不但對待其他部門成員和對待定延時有明顯差異，還在其他部門成員也參與的會議中數落定延，分配工作時還讓定延負責其他職員不願做的工作。定延不停思考部門負責人到底為什麼這樣對待自己，還有自己該如何應對。不只在公司裡如此，工作結束後的回家路上和回家休息時，這些想法都縈繞在她的腦海中。如此生活，讓身體也發生了變化。她無法專心工作，總是有氣無力的。因為沒什麼想做的事，下班後或週末的大部分時間都在床上度過。

在這樣的情況下，某次上司在責罵工作成果時，定延因壓抑不住情緒而發火了。由於她不曾向上司表露過情緒，所以周遭的人都嚇了一跳，定延自己也嚇了一跳。意識到自己有問題後，定延覺得需要請求幫助，於是去了醫院。上述事例就是不斷思考導致身心疲憊的案例，定延反覆想起和上司的衝突，結果身心俱疲。

肌肉反覆使用下會發出疼痛訊號，告知我們身體需要休息。如果無視疼痛訊號強行動作，在必要時刻肌肉無法適當收縮，我們就會失去平衡而摔倒，或是傷到肌肉、韌帶。因此，並不是無條件多運動就是好的，而是要根據身體條件適當運動。大腦也是如此。

匈牙利貝赤大學（Pécsi Tudományegyetem）的研究團隊曾經讓五十六名研究參與者重複做每次約五分鐘的心理動作警覺任務（psychomotor vigilance task），以這項測驗來評估持續性的注意力。其研究結果顯示，在經歷反覆測驗後，大腦的反應速度會越來越慢，有關注意力的大腦區域活躍程度降低。也就是說，重複同樣的事，大腦也會疲勞。[8]

為什麼重複性思考會讓大腦疲憊？

大腦疲勞被稱為「心理疲勞」（mental fatigue）是指長時間進行認知活動所引發的狀態。心理疲勞會讓人感到疲憊、認知能力降低、執行動機減少。

我們腦海中會閃過各式各樣的想法，其中引起我們注意的想法主要伴隨著情緒，尤其是憂鬱、焦慮、緊張、憤怒等負面情緒。這些想法在大腦停留的時間越長，與該想法相關的神經網就會產生越強的連結，而這樣的想法就又會更頻繁地出現在我們大腦中。每次如此，我們的身體就會因為壓力反應而對各種刺激產生敏感的反應、無法平靜地休息，我們可能會一直對周遭保持警戒，無法深度入眠，即便只是小小刺激也會被驚醒。最終，這會讓大腦更加疲憊，一旦大腦累了，我們就更難以擺脫反覆的思考。人腦中多數的想法是：會暫時引起我們的注意，然後就自然消失；但某些特定的想法卻會緊抓著我們的注意不放——那些誘發強烈感情和被我們賦予重大意義的想法都是如此。

舉例來說，人在車禍後會反覆想起事故當時的記憶，並出現擔心再度發生事故的焦慮。此時，把注意力轉往其他地方是很重要的，轉移注意力就需要能調節注意力的前額葉皮質（覆蓋額葉前部的大腦皮質）。然而，如果大腦疲勞積累，與注意力相關的大腦功能就會降低，注意力調節功能也會跟著低下，於是便難以擺脫想法。**思考讓大腦疲憊不堪；疲憊的大腦很難擺脫思考——如此便形成了惡性循環。**

我們會反問：「那就停止思考，休息一下不就行了嗎？」但其實大腦在不專注於某件事時仍然活躍，如人們常會說的：「什麼都不做的時候雜念反而更多。」實際上大腦就是這樣運作的。**休息時大腦活躍的領域被稱為「預設模式網路」**（default mode network, DMN），如果這個網路活躍起來，我們就會想起過去的經驗或是開始思考對未來的想像、對自我的認識、與他人的關係等。預設模式網路有助於創意思考與建立良好人際關係，但憂鬱症患者常會過度啟動該功能，導致大腦疲勞。

芝加哥伊利諾大學（University of Illinois）的研究團隊研究了預設模式網路與重複性思考之間的關係，他們的研究對象是從憂鬱症中康復的二十六名青少年，以及十五名沒有精神障礙的青少年。他們讓參與研究的青少年回憶被人傷害等負面經歷，並請他們自我評價，說明當時在情感上有多辛苦。研究人員用fMRI測定大腦各領域的活躍度，結果顯示，在反覆思考負面想法時，預設模式網路變活躍了；而預設模式網路越活躍，就越容易反覆思考，憂鬱的症狀也就越嚴重。[9]

單純的休息對大腦而言不是休息，反

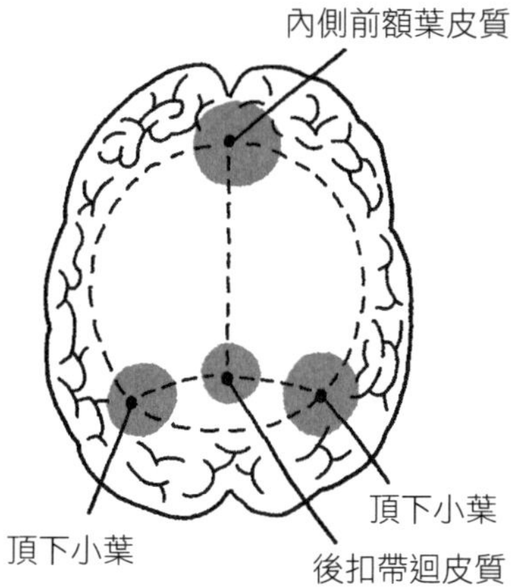

預設模式網路

而會變成深陷思考的忙碌時間。為了讓疲憊的大腦恢復，我們需要「不會讓人陷進思考中」的休息方法與技術，而不是單純地什麼都不做。我們將在第四章中進一步探討讓大腦恢復的方法。

重點處方

大腦就跟身體的其他器官一樣，反覆使用會變疲憊。反覆思考會讓大腦感到疲憊，而疲憊的大腦又更容易陷入思考，形成惡性循環。單純的休息會讓預設模式網路變活躍，反而讓人更加深陷思考之中。因此，別陷入思考，要讓大腦從疲憊中復原。

4 對大腦來說，生存比幸福更重要

與焦慮共存

重複性的負面思考讓我們感到沮喪且焦慮。然而，大腦為什麼會反覆這樣的想法呢？因為讓引發負面情緒的想法反覆運作，是有利於生存的，而我們的大腦認為生存比幸福更為重要。

大腦被打造成適合在貧瘠環境中生存的狀態。現代人類的祖先「智人」在十五～二十五萬年前首次出現，那是地質年代新生代第四紀的早期，被稱為「更新世」。這個時期發生了四～六次的冰期和間冰期——冰期海平面下降，間冰期海平面上升，如此的變化反覆出現，火山活動也活躍。

人類在貧瘠的環境中採集植物果實或獵殺動物為生，周遭總是充斥著危險的食肉動物、有毒昆蟲與植物、危險地形等威脅人類生存的事物。在這種環境下生存，徹底了解並且熟記會威脅生存的狀況相當重要，於是生存優先的大腦，便透過反覆思考的方式盡可能提高人類的生存能力。例如：如果曾在摘果實時遇到老虎並匆忙逃跑，大腦就會反覆想起這件事。而當原始人想起那天晚上碰到老虎的事，心臟就會怦怦跳，害怕又緊張得睡不著覺。

不但光想像就讓人焦慮，還會有手腳出汗等壓力反應，而且可能好幾天都因為想起老虎而處於緊張且敏感的狀態。於是下一次摘果實時，他便會感到焦慮和緊張，因此更加留意周

遭環境，繃緊神經確認有沒有老虎。

雖然只是一次的經驗，但重複性思考會給我們帶來彷彿多次重複經驗般的變化，基於這樣的變化，下次面對危險時人就能做出更敏感且敏捷的反應。反覆思考危險經歷雖然會誘發焦慮與緊張，卻是有利生存的。

大腦不是為幸福運作，而是為生存運作

如果大腦把幸福放在首位，不把生存放在首位，且盡量減少焦慮等負面情緒的話，我們會怎麼樣呢？我們也許會為了吃美味的水果，危險地在獵食者的棲息地遊蕩。這樣做人類也許會更幸福，但卻很難在危險環境中生存。大腦之所以反覆思考並一再體驗負面情緒，就是因為生存比幸福更重要。

重複性思考不只在原始時代保護了我們，也在現代社會中保護我們免於危險。讓我們一起來看以下例子。

民洙的開車習慣較差，雖然家人和朋友都勸他安全駕駛，但他堅持用自己的方式開車，他說：「我從來沒發生過車禍，而且這樣開才有開車的感覺。」某天，民洙和家人一起去近郊旅遊時發生了車禍，兩線道號誌轉紅燈後他緊急煞車，沒有保持安全距離的後車撞上民洙的車。所幸民洙和家人都沒有受重傷，但民洙嚇了一大跳，一想到：「要是對方的車更大台，後果會如何？」他就感到頭暈目眩。他很後悔週末去旅行，也埋怨肇事車輛的司機。

這個事故經驗大大改變了民洙的駕駛習慣，因為害怕發生車禍，所以他變得很注意其他車輛的動向，會盡可能安全駕駛。

反覆想起車禍經歷這個行為改變了民洙危險駕駛的習慣，多虧有這件事，民洙出車禍的危險性降低了。在經歷危險狀況後反覆回憶危險經歷，會減少危險行為並增加安全行為，藉此保護我們免於遭遇危險。

然而，有時反覆思考危險的經歷，也會讓我們陷入憂鬱與焦慮之中，而不是保護我們。請看看以下的例子吧！

太妍是一位上班族，近期因為公司裡的工作繁多而經常加班。某天，她同樣又在前一晚加班回家後稍微闔了一下眼，然後好不容易起床坐地鐵去上班。當天地鐵人特別多，也許是空調壞掉的緣故，車廂內相當悶熱潮溼。隨著沿途經過的車站越來越多，上車的人也越來越多，她被夾在人群之中無法移動、呼吸困難，處於相當鬱悶的狀態。待在車上的時間一久，她的身體開始越來越緊張，心臟怦怦跳動，太妍覺得自己再這樣下去好像會死掉，於是當列車一抵達下一站，她就用盡全力推開人群走出了車廂。她坐在椅子上試圖冷靜，但卻沒辦法輕易讓自己平靜下來。她覺得自己實在沒信心再搭上地鐵，便到外面改搭乘計程車。到公司後，她焦慮與緊張的心情仍持續了好一段時間。

從那以後，只要去人多的地方，她就擔心會不會再次經歷那天的情況，並且感到焦慮。地鐵太恐怖了，她實在沒辦法搭地鐵。雖然她搭了幾天的計程車去上班，但計程車費的負擔可不輕。結果太妍辭去了工作，大多數時間都待在家裡度過，憂鬱感與無力感逐漸加重，後來她連出門都覺得很辛苦。

太妍在地鐵上經歷了感覺生命被威脅的事件後，又因反覆思考那次的經驗而誘發了焦慮感。**大腦在經歷生存威脅後，會持續向身體發送能避免生存威脅的信號，不管這個信號會不會讓我們變不幸、會不會讓日常生活變艱難。**如果這種反應持續加重，還會引發憂鬱症與焦慮症等各種精神障礙。

知道了重複性思考是大腦為提高生存可能的戰略後，克服這件事就需要技術。大腦反覆思考的行為近乎本能，放任大腦反覆思考也許能在遇到生存威脅時保護自身安全，但也會引發憂鬱或焦慮等其他問題。因此，如果負面想法反覆出現，我們就必須學會區分這個念頭實際上是在保護我們免於危險，還是僅僅只讓我們感覺到憂鬱與焦慮而已。

當然，這也許難以明確區分，因為有些想法會在保護我們免於危險的同時也帶來憂鬱與焦慮。不過，在腦中毫無目的反覆的大多數想法，其實都是不必要或過度擔心的。因此，我們應該忽略那些與其說是在保護我們，事實上更像在使我們生病的想法，把注意力擺在更有意義、更具價值的想法與行動上。

重點處方

在周遭總是危機四伏的環境中，大腦反覆思考危險的經驗是種生存的有效戰略，如今的我們雖保有著原始時代智人般的大腦，卻生活在現代社會裡。當大腦重視生存更甚於幸福，大腦的反應便會讓我們感到憂鬱和焦慮。因此，我們需要有效的思維技術，讓我們擺脫憂鬱和焦慮並往幸福靠近。

5 「信念」影響你對思考的處置

後設認知信念

前面我們談過思考引發憂鬱與焦慮的方式，而去思考思考的特性、傾向、影響等行為，是一種後設認知（metacognition）。後設認知是指「對想法的想法」或「對認知的認知」，這是一九七六年發展心理學家傅來福（John H. Flavell）提出的概念。如果你在閱讀本書時一邊回想起自己思考的方式，想看看自己是否深陷思考——這就是一種後設認知。

一般我們都認為後設認知在學習中很重要。後設認知戰略的核心是監控與調節能力，在《後設認知學習法》（메타인지 학습법）中孫麗莎（리사 손）教授強調了：「若要成功學習，監控與適配能力很重要。」她表示，監控是指自我評價自身知識的質與量；適配是以自身目前狀態為基礎去設定學習方向。在這兩個過程中若有一邊無

法正常發揮作用，學習失敗的可能性就很大。就如同學習時，後設認知能力很重要一樣；為了不陷進思考中，監控並適配自身想法的後設認知能力也很重要。

影響思考方式的後設認知信念

後設認知中有個重要概念，那就是**後設認知信念**（metacognitive belief）。一天之中我們會產生很多想法，其中有會吸引我們注意，讓我們反覆想起的想法；也有自然掠過腦海的想法。每個人的想法不一樣，每個人處理想法的方式也不同。有人對引發焦慮的想法很重視，便長時間地想；

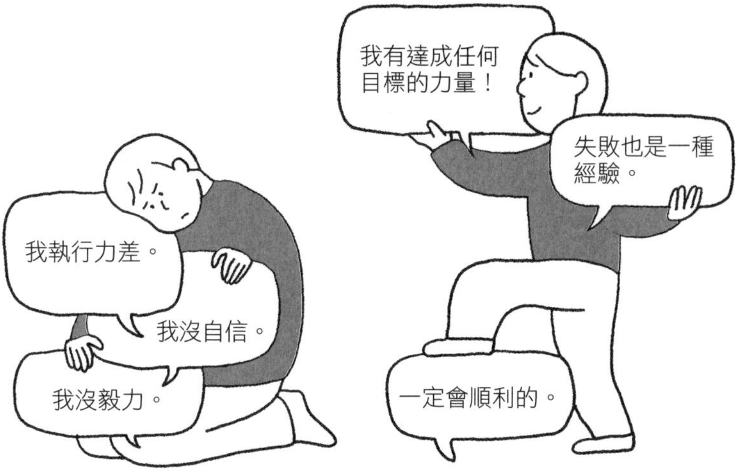

有人對讓人感到自信的想法很重視，便會反覆思考它。就算出現一樣的想法，處理想法的方式也因人而異。

過去的經驗、成長背景、個性等各種因素都會影響處理想法的方式，其中，**當某種信念影響了處理想法的方式時，我們稱之為「後設認知信念」**。舉例來說，若覺得「擔心有助於我解決問題」，抱持著如此與「擔心有用性」相關的後設認知信念，我們就會更加注意擔心的事情；若抱持著「必須從過去的事件中學習到東西」這樣的後設認知信念，就容易回顧過去。

一起看看以下的例子：

柳真是一名大學生，她在情緒上總是感到匱乏，對人際關係沒有自信，總覺得自己好像做錯了什麼，沒資格被愛。柳真認為原因出在於自身的過去與家庭環境，因此她總是在煩惱該如何解決這件事。柳真讀了各種心理學書籍，並產生了「必須解決過去的心理問題，人才能前進」的信念，於是她很努力地嘗試解決自己過去的問題。然而反覆思考以前經歷過的事，導致了她的憂鬱。最終柳真因嚴重的憂鬱與無力感而來到醫院。

在上述例子中，柳真因為相信必須解決心理問題，所以反覆地在想辛苦的過去。後設認知信念和精神症狀及精神障礙密切相關。香港中文大學研究團隊透過系統性的文獻考察選出了四十七篇論文，他們以這些論文為基礎，統合分析確認三千七百七十二位精神障礙患者和三千三百七十六位一般人之間是否存在後設認知信念的差異。結果顯示，在憂鬱症、廣泛性焦慮症、進食障礙、強迫症、思覺失調症患者中，擁有「無法控制想法很危險」和「必須控制思考」這類後設認知信念的情況會比一般人多。[10] 此研究結果亦顯示，後設認知信念與精神障礙有著很深的關係。不過，我們並不曉得是後設認知信念影響了精神障礙的發生，還是因為精神障礙才產生特定的後設認知信念。

然而挪威科技大學（Norges Teknisk-Naturvitenskapelige Universitet）研究團隊的研究結果顯示，後設認知信念會引發精神症狀。該研究團隊評價了八百六十八位研究對象的後設認知，並在六週、十二週、十八週、二十四週後檢測了焦慮程度。[11]結果顯示，後設認知信念以影響後設認知策略的方式，影響了幾週後的焦慮程度。**根據後設認知信念的不同，我們未來也許會更焦慮，也可能減少焦慮。**換句話說，後設認知信念會影響思考方式，讓我們的心神產生變化。

多樣的後設認知信念會影響我們處理想法的方式，而讓人反覆思考的後設認知信念大致分為兩種——

第一種是正面的後設認知信念。像是「要解決問題就要多思考」的想法就是相信思考有用的信念，這種信念屬於正面的後設認知信念。抱持這種信念，就會展現出對相關問題反覆思考或擔心的傾向，很容易陷進思考中。

第二種是負面的後設認知信念。「我無法停止思考」、「這樣反覆思考好像快瘋掉」等想法，是相信思考很難控制且有害的信念。就算已如此認知到自己對思考抱持負面態度，還是會受思考的負面部分壓制，因而只是被動應對，不會試圖擺脫思考[12]。

不管是正面還是負面的，只要抱持以上後設認知信念，就會花比較長的時間反芻思考，憂鬱的症狀也會變更嚴重。如果抱持上述負面後設認知信念，六個月後會呈現更加憂鬱與焦慮的傾向。[13]如上所述，後設認知信念會影響我們處理思維的方式，並影響憂鬱與焦慮的產生。

重點處方

我們把想法當作思維或反省對象的行為就是一種後設認知。依據後設認知策略，我們能陷入思考，也能不陷進思考中。這種影響後設認知策略的信念被稱為後設認知信念。各式各樣的後設認知信念會影響我們處理想法的方式，而特定的後設認知信念則會導致憂鬱與焦慮的發生。

6 停止自我折磨？從掙脫思考束縛開始

重複性思考與憂鬱、焦慮症狀的關聯

在診療過程中，當病患說「想法少了很多」或「現在很容易就能甩掉這種想法」時，我就會覺得：「這個病患馬上就會好起來的。」只要折磨自己的想法減少，擺脫這些想法所帶來的影響，病患就會變更舒坦，讓他們很辛苦的憂鬱與焦慮症狀也會逐漸好轉。

以下是從憂鬱症與焦慮症中康復的人所說的話，藉此我們能肯定他們在康復後想法減少了，而且對思考的態度與方式也產生了變化。

三十多歲男性：

以前只要發生一點不好的事我就很容易崩潰，我會一直想著那件事，甚至想到很嚴重的地步，不但難以擺脫不好的想法，也曾有過自殺的念頭。但是我最近好像沒有什麼負面的想法了。雖然不是完全沒產生負面想法，但我很輕易就能擺脫它，調節想法數量的能力也好很多了。回家後即使冒出各式各樣的想法，我也不會陷入太大的挫折感中。

三十多歲女性：

以前好像完全被負面的想法侵蝕了，很難擺脫那些想法所以很辛苦，無論我嘗試想多棒的想法都沒用。最近我沒什麼想法，整體而言好像沒什麼特別的想法。我會努力往好的方面想，就算自己產生不好的念頭，也會努力不去想它。

二十多歲女性：

以前我對安全狀況有嚴重高敏感症狀。經過路口時經常想，如果不看旁邊被車撞到怎麼辦。無論走到哪都會擔心安全問題，一旦開始擔心就無法任意調節。當時我還不知道這算是問題，接受治療後強迫性的擔憂不見了，切斷想法變容易了。

聽了他們所說的內容就會發現，從憂鬱症與焦慮症中康復後，誘發憂鬱或焦慮的想法並沒有完全消失在腦海中。然而，如果要說過去這些想法總是反覆出現，並引發多種情感反應；他們一致認為康復後的情況是——停止思考或擺脫想法變更容易了。不過，這是因為擺脫思考，憂鬱和焦慮症狀才有所好轉嗎？還是隨著憂鬱與焦慮症狀的改善，想法變得更容易擺脫呢？我們很難僅憑患者說的話做判斷。關於此部分的討論請繼續參考以下研究。

劍橋大學（University of Cambridge）的研究團隊曾把二十六位憂鬱症青少年分成兩組，一組只服用抗憂鬱藥，另一組則是服用抗憂鬱藥與認知行為治療並行。只服用抗憂鬱藥的組別憂鬱症狀好轉了，但反覆思考的程度沒有顯著變化；而同時服用抗憂鬱藥並做認知行為治療的組別，他們的憂鬱症狀與反覆思考的狀況都減少了。[14]

這表示要減少重複性思考，不是只有服用抗憂鬱藥物的方式，接觸認知行為也很重要。此時我們能發現，容易重複性思考與憂鬱症的康復是兩回事。也就是說，前述病患的狀況，與其說是憂鬱與焦慮症狀好轉而想法減少了；更有可能是因為藉由治療減少想法，擺脫想法變容易了，因此憂鬱與焦慮症狀隨之好轉。

若治療後仍然容易陷入思考，憂鬱症或焦慮症就很容易再次發生。當然這時有人也許會問：「只要症狀好轉就好啦，為什麼非得減少想法。」然而，由於憂鬱症和焦慮症有時會復發，因此康復後持續維持健康狀態，防止症狀再次發生，與治療是同等重要的。

根據荷蘭精神健康管理研究中心（Institute for Mental Health Care）的研究結果，重度憂鬱症患者在治療後的五年內復發的機率為一三・二%，十年內為二三・二%，二十年內為四二%。[15]並不是所有憂鬱症患者都會復發，但有相當多的人都會經歷復發。憂鬱症復發有各種因素，容易反覆思考是預測憂鬱症復發的重要指標。就算已從憂鬱症和焦慮症中康復，反覆思考帶來的復發危險性也很高。

德國波鴻魯爾大學（Ruhr-Universität Bochum）研究團隊，以曾得過憂鬱症的二十四名成年人為研究對象，他們在做完以正念為基礎的認知治療後，測定了他們反覆思考的程度。一年後，研究團隊再確認了他們憂鬱症復發的狀況，結果顯示，治療後還是容易反覆思考的患者很多都復發了。[16]這也就暗示了我們，不陷入思考不僅影響了症狀的康復，對症狀復發也會產生重要影響。因此，從憂鬱症與焦慮症中康復後，改變對深陷思考的態度與傾向也是非常重要的。

重點處方

擺脫思考對憂鬱症和焦慮症的康復很重要。另外，容易陷入思考中和憂鬱症、焦慮症的復發亦有關，因此要不斷努力擺脫思考。

7 活在「此時此刻」的人，真幸福

沉浸的喜悅

三十多歲的男性慶準說他生活過得不幸福，所以來醫院看診。在十幾歲、二十幾歲時他喜歡和朋友們玩在一起，而他自己一個人玩遊戲也很開心。雖然大學生活有時因為寫報告與準備考試而辛苦，但期間他擁有自己的興趣，而且跟朋友見面也很開心，所以他能忍受辛苦的時刻。儘管準備就業很辛苦，但經歷過一切他最終找到了工作，能靠自己賺錢讓他感到非常自豪。現在他好像非常像樣地成為了社會中的一員。當然，職場生活有大大小小的壓力和各種人際關係的困難，但是大部分情況下都沒什麼大問題，他也撐過來了。對於自己負責的工作他盡了最大的努力，因此晉升得也很順利。在別人眼中，他有份安穩的生活。然而，不知從何時開始，慶準的生活變得不愉快了。職場上沒有什麼新鮮事，工作內容好像無聊地反覆著，開心的事也不再像以前那樣讓他開心，朋友都因各自的家庭生活而很難經常見面，遊戲、電影、電視劇都只是一時有趣，很快他就失去了興趣。但他又沒有出現情緒低落、無力感或失眠等憂鬱症狀，慶準只是覺得自己不幸福而已。

有兩種看待幸福的層面，一種是當下感受到的情感上的幸福。諾貝爾經濟學獎得主心理學家丹尼爾·康納曼（Daniel Kahneman）把幸福定義為「此時此地感受到的正面情感」，這種意義上的幸福是指做愉快的事或沉浸於某些事物中所感受到的正面情感。

另一個層面的幸福則是對自己生活評價的那種幸福。社會學家魯特·維諾文（Ruut Veenhoven）用對自身整體生活的滿意度來定義幸福。經常感受到片刻的快樂並不一定代表生活幸福；要覺得過得幸福，除了要時常感到快樂之外，還要對自己的現狀、地位、關係、健康狀態等感到滿意。

不過，體驗越多單一時刻的快樂，就越有可能感到自己的人生幸福，所以這兩種層面的幸福也不能算是完全的兩回事。慶準在這兩個層面都不幸福——他目前在情感上感受到的幸福感沒有以前那麼強烈，而且也認為自己的人生並不幸福。

獲得幸福最簡單有效的方法

不憂鬱或不焦慮並不代表就是幸福的。因為幸福並不是指「未感覺不適」的狀態，而是透過某些東西體會到快樂、沉浸感與滿足感時會體驗到的感受。想感受到幸福，除了要減少憂鬱與焦慮，還需要其他東西。若想重新感受到幸福，讓生活變幸福的話，慶準該怎麼做呢？雖然有各式各樣的方法，但最簡單有效的方法就是「擺脫想法」，這不僅能有效減少憂鬱與焦慮，還是個能讓我們幸福生活的好方法。

擺脫想法不只代表要從充斥我們腦袋的想法中解放出來，我們還需要一個把注意力轉移到其他東西上的過程。不僅要轉移注意力，還要維持注意力，讓注意力不要再被想法帶走。因此，「擺脫想法」不是一個念頭，而是一種把注意放到某件事上的行為。只要把注意力擺上別的事，我們就能完全沉浸其中，而這種投入使我們感到幸福。回想過去幸福的時刻，應該大多都是完全沉浸於某件事的時候吧——和愛人溝通交流的時候、為達成目的專心致志到最後的時候、看到兒女學走路的時候，這些時候我們會在那一刻完全沉浸其中。如此便會反覆擺脫想法，就像在持續練習專注並投入某件事裡，越能輕易擺脫思考，我們就越能完全沉浸於其他的事物。

讓我們再看看前面介紹過的哈佛大學研究團隊的研究，他們曾做過一個調查，研究什麼時候人會感到幸福。研究團隊分析了以下兩種情況——一是專注於現在應該做的事；二是無法專注於該做的事，而正在思考其他事情——看看在兩種情況之中哪一種更為幸福。

結果顯示，相較於深陷思考中的情況，專注於自身工作時會更感到幸福。

日本北海道大學的研究團隊以四百五十八位成年人為研究對象，他們調查大家自覺是否容易陷入思考，以及覺得自己的生活有多幸福。結果顯示，越不容易陷進思考中的人，越覺得自己的生活幸福。[17]「擺脫想法」不僅能瞬間提高幸福的感受，還能讓人覺得自身生活更幸福。

擺脫思想的有效手段——寫作

擺脫想法的眾多方法之一就是，用文字把想法表達出來。先把模糊抽象的想法轉換成語言，再根據文法整理句子，這樣就能輕易擺脫腦海中的想法。我在醫院看病診療時，苦惱也常常會延續回家。每當胸口很悶且晚上難以入睡，我就會開始寫作，有些想法為了占據我大腦而努力奮鬥，而我這麼做就是為了擺脫它們。剛開始寫作是為了擺脫想法，但一晃眼我發現自己已經投入在寫作本身了。而且在長時間專心寫作後，疲憊的情況與情感在不知不覺間變模糊了，我也感受到了幸福。在艱難的狀況下，我的生活沒有被動搖，我專心在有意義的事情上，並因此感到自豪且欣慰。這種想擺脫想法的努力讓人能更專注於某件事，也讓我們更接近幸福。

沉浸於瞬間

擺脫想法的努力會讓我們沉浸於現在的工作中。心理學家米哈里・契克森米哈伊

（Mihaly Csikszentmihalyi）在他的著作《心流》（*Flow*）中強調，想體驗快樂就需要沉浸其中。

「當經驗在內在獲得報酬時，我們的生活就不會是抵押給那看不見的未來的報酬補償，而是現在的生活就有意義。」

陷入思考會妨礙我們專注於當下該做的事，反之，努力擺脫想法的過程會讓我們專注並沉浸於現在的工作之中。**如果把擺脫想法當作目標，那麼連單純的事也會產生內在動機。**即便沒有非常愉快或厲害的報酬，只要不陷進思考，這就能成為有意義的行為。專注於某件事的行為會成為一種內在動機，讓我們投入其中，最終引導我們抵達幸福。

不陷入思考有助我們珍惜自己擁有的心理資源，把資源運用在需要的地方，讓我們過上滿意的生活。我們能使用的精力是有限的，當然隨年齡與體力的不同會有很大的差異，但大致上程度都是類似的。因此，每個人的成就都因精力使用效率而異，容易陷入思考的人會把精力用在不必要的思考上。當然其中也有對生活有益的想法，但多數沒有明確目標的想法，都不會形成具有效益的結果。

這樣消耗精力，用在必需之處的精力便會缺乏，不管做什麼都很難取得好成果，而且生活滿意度也會下降。反之，不會陷進思考中的人就沒有不必要的能量消耗，他們能把精力完全投入在必須做的事情上，最終以此得到滿足感。

土耳其的伊斯坦堡比爾吉大學（stanbul Bilgi Üniversitesi）研究團隊以三百八十三位白領勞工為研究對象，它們評估了這些研究對象的職業滿意度、重複性思考的傾向、主觀的生活幸福度。結果顯示，職業滿意度越高的人越不容易反覆思考，結果就會感覺更幸福。[18] 總而言之，「擺脫想法」讓我們把精力集中到需要的事情上，讓我們的生活更接近幸福。

重點處方

擺脫想法並投入到當下該做的事情裡，會讓我們的生活過得更幸福。而不陷入思考則有助我們珍惜自己所擁有的心理資源，把資源用在需要的地方，過令人滿意的生活。

第2章

我們為什麼會落入負面思考？

導致憂鬱與焦慮的想法

在我們腦海中，每天都有數萬種想法浮現，這些想法大多都只是暫時抓住我們的意識而已，馬上就會消散。然而當誘發負面情感的想法出現時，我們的大腦容易反覆思考。本章會研究腦海中反覆出現，並帶來憂鬱與焦慮的種種想法。

1 如果發生那種事怎麼辦？

對未來的擔憂

在大企業工作數十年的道英最近從公司退休了。本來在退休前他還抱持著期待，希望能自由自在地運用時間做想做的事；然而在擁有太多時間後，他並沒有愉快且有意義地運用時間，反而開始擔心起各種問題。

馬上就要沒收入了，首先他最擔心的是經濟部分。由於道英有退休金，暫時生活無虞，然而生在人類壽命走入百歲的時代，他覺得自己累積的財產還不足以讓他安享晚年。

突然多出來的時間也成了問題。在公司工作時，道英常不曉得一天是怎麼過去的；但退休之後他卻覺得一整天的時間非常漫長——他需要一件能消磨時間的事，就算不是經濟活動也沒關係。與此同時，道英也很擔心年過八十的父母，他因父母看病的緣故在醫院度過整整一天，之後自然變得憂心忡忡。自己也年紀越來越大，開始生病，連他都有可能失去健康了，道英很擔心到時候誰能來照顧他的家人和父母。埋首於各種憂慮之中，讓道英變得很憂鬱，連生活也失去了意義。

在我們腦海中，每天都會產生數萬種想法，這些想法大多都只是暫時抓住我們的意識而已，馬上就會消散。但是其中也有某些想法會喚起我們的情緒。因為想到要和心愛的戀人見面而滿心期待、心情愉快；而想到該如何償還銀行貸款時，則會產生鬱悶且焦慮的心情。有些想法與情緒會被同時記住，所以當你想到那些想法時，情緒就會自然跑了出來。

在各種情緒之中，我們的大腦特別常出現那些引起負面情緒的想法。回顧一整天時，相較於好事，壞事總是更易被我們牢記，因為這也是大腦的特點之一。在前面我們提過大腦的設計是利於生存的，更頻繁、更容易地想到引發負面情緒的想法能降低我們面臨生存危機的可能性。

擔心沒辦法解決問題

焦慮是一種具代表性的負面情緒。我們平時經常會想起那些會引發焦慮的想法，其中比重最重的念頭就是「對問題的擔憂」。比如：困難且複雜的事、無法靠一己之力解決的事，對這類問題的擔心是最常出現在腦海中的。事實上，有很多人都懷著各式各樣的擔憂在過生活。

對問題感到擔心不一定是缺點，擔心會讓人去思考解決問題的方法，並把擔心延續到實際行動上。對健康感到憂慮時，我們會定期制定運動計畫、管控飲食、做健康檢查；為了應對意外事故，我們會買保險。如果我們沒有因問題而感到擔憂的話，就可能會在毫無準備的狀況下遇到問題。當擔憂延伸為解決問題的行動，我們便能有效地應對。

然而有時擔心會止步於擔心——只是反覆地思考問題，而沒有尋求解決辦法或付諸行動。剛剛我們提到的道英也是如此，他成天擔心各種問題，沒有採取任何解決問題的行動。**這種單純止步於擔憂階段的想法之所以會反覆出現，是因為「擔心就能解決問題」的後設認知信念在作用**。關於為什麼我們只擔心問題而不付諸行動，史考特・派克（M.Scott Peck）在《心靈地圖》（*The Road Less Traveled*）中說道：

「關於解決問題，有時我們會急著尋找立即的處理辦法而採取隨便的措施，但還有一種毛病是比這種情況更幼稚且具破壞性的，這種毛病更普遍且隨處可見，那就是期望問題自動消失。」

由於相信「就算不採取任何措施，問題也會自動消失」，所以才會反覆地對問題感到擔心。一旦產生這種後設認知信念，我們就不會實際去解決問題，而是止步於對問題的擔憂，不去制定對策，只是反覆擔心。

無法延續至行動上的憂慮會對精神與身體產生負面的影響。我們的大腦無法分辨想像與現實，所以會誤以為自己正在實際經歷腦中的想像，進而引發各種壓力反應。大腦中的杏仁核會引發情感，讓人產生焦慮與緊張感，分泌各種壓力荷爾蒙；而交感神經則會引起身體的戰鬥或逃跑反應（fight-or-flight response），交感神經一亢奮，心跳與呼吸就會加快。因此，我們的身體會很容易緊張，對小小刺激都產生敏感的反應。反覆擔心會讓人長時間緊張，容易感到疲勞無力。休息時無法自在休息、覺也睡不好，就這樣在很疲憊的狀態下度日。

因此，對問題的擔憂最好是剛剛好就好，只要能讓自己充分理解問題，做出某種選擇，確認有哪些替代方案就夠了。多餘的擔憂只會對我們的身體造成負面影響。

重要的是要開始一一執行解決問題的小行動，而不是僅止於窮擔心。反覆

的行為會變成人的習慣，若總是反覆拖延而不行動，或是只會重複擔心，最終都會養成錯誤的習慣。**當我們開始擔心問題，與其陷入長考，不如先從能解決的小事開始行動。**

重點處方

我們的大腦很常產生會誘發負面情緒的想法。對問題的擔憂會使我們深陷思考，是因為「相信反覆擔心問題就會解決」的後設認知信念在作用。雖然擔憂也有好處，但我們時常只止步於擔心，而沒有把擔心轉化為解決問題的行動。我們需要的不是反覆擔心問題，而是開始做出能解決問題的行為。

2 為什麼我的想法無法隨心所欲？

控制思考的想法

小娟是一位三十多歲的女性，不知從何時起她產生了很深的負面思考，痛苦的她來醫院治療。生孩子前小娟過著職場生活，因為她個性嚴謹、有計畫，所以做任何事都絲毫不馬虎，連家務也做得很仔細。懷孕時她讀了所有市面上有名的育兒書籍，孩子出世後她請了育嬰假，育兒的生活也過得很開心。然而不知從何時開始，她的腦中充斥著負面的想法——擔心孩子會生病；擔心老公在公司會出什麼問題；看著沒在工作的自己，覺得自己很沒用。

小娟以前幾乎沒擔心過這些事，也不覺得自己哪裡不夠好，所以她覺得應該把這些想法轉換成正面思考。她在內心反覆想著：「我的孩子和老公不會遇到不好的事，我做得很好。」然而負面想法一旦在心裡紮根，就不容易散去。就算她暫時產生了正面的思考，沒過多久負面想法又會充斥腦中。小娟因為想法沒有改變而十分辛苦，也對無法改變想法的自己感到無力。由於不好意思跟別人分享這種想法，沒辦法說出口的她只能暗自叫苦。

正如同上述的例子，無法改變自身想法，有時會讓人覺得很累、很沮喪。雖然已經為改變想法付出了許多努力，然而想法一旦進入腦中就很難剷除，越想改變它，就越是深深紮根在腦中。**無法改變的想法會因為無法改變而誘發負面情緒，對於認為掌控生活是重要價值的人而言，更是如此。**對於從A到Z徹底計畫好的人來說，一切都是他所要控制的對象，想法也是。

無法掌控思考

控制住對象會給人帶來安全感，而無法控制的事物則會引發焦慮，因此有些人無論如何都想要找到控制的方法。然而控制想法並不容易，心裡不願想的想法不僅會反覆出現；而且當你越想控制想法，想法就越容易脫離自身的掌控。最終，我們會產生無力感，感覺連自身想法都無法隨心所欲。

在希望改變想法的人心中，錯誤信念起了作用——『他們相信所有想法都很重要、很有意義。然而，人的想法有合理與不合理者，雜亂無章地混在一起，雖然其中有重要的、有意義的、理性的想法，但也有毫無意義、對生活沒幫助的想法，這些都是根據我們自身來對各種想法做出價值判斷的。

當我們沒有明確目的時，腦海裡所浮現的想法有八〇%以上是沒有任何意義的，它們一下子就會自然消失在腦海裡。不過也有人相信所有想法都非常重要且富有意義，對於擁有這種後設認知信念的人而言，因為他們給所有想法賦予意義，所以那些想法就不會自然消失，而是經常被意識抓住，留在腦海裡。

負面想法特別容易誘發各種情緒與壓力反應，長時間被注意的想法或是會誘發強烈感情的想法，就會被大腦判定為重要的想法，進而更加反覆出現。小娟的情形也是如此，一開始一閃而過的想法不知從何時開始被賦予了意義，於是對小娟來說這些想法就變成了重要的想法。

各種想法的大風吹遊戲

昇昊是一位四十幾歲的男性，不知從哪天起，他開始覺得人生沒有意義。

昇昊原本是個充滿熱誠的人，對一切事物總是竭盡全力。成績優秀的他考上了好大學，上大學後全心投入學業，成績也很好。然後他進入了一家好公司，工作得比任何人都努力，並且很快就升職。其實，這一切對昇昊來說一直都很吃力，本以為只要熬過當下就會好過一點，結果後面總還有其他課題與任務在等著他。雖然每次都有取得好結果與成果，但昇昊並不開心。他在長時間的思考後找到的答案是——只有死了才能結束這一切。這個想法越來越嚴重，他甚至制定了具體的計畫。得知此事的家人勸他接受精神科的治療，於是他才來醫院看診。他被診斷為憂鬱症，正接受藥物治療與心理諮商。

關於治療能否改變自身想法一事，昇昊感到很驚訝。隨著治療的進行，他的自殺念頭少了很多，頻率也減少了，就算萌生自殺的念頭，他也能馬上轉換想法。然而昇昊表示：他的想法還是沒有改變。雖然現在暫時好轉，但他腦中的想法依然覺得生活很痛苦，只有死亡才能結束一切，所以他不曉得自己什麼時候又會付諸行動。昇昊的心理師無論如何都想改變他的想法，不過不管再怎麼跟昇昊聊，他的想法都沒有太大的變化。治療如此的昇昊，讓心理師非常辛苦，他一直擔心自己是不是做得不好，擔心昇昊也許會把自殺念頭付諸行動。

昇昊案例中的這名心理師，非常想要改變患者的思考。昇昊的症狀推測是個性、態度與慢性憂鬱症綜合作用的結果，稍有不慎就會導致自殺事件，因此心理師也只能敏銳地反應。問題是心理師曾經想把昇昊的自殺念頭連根拔除，但這在大多數的情況下是不容易的，幾乎可以說不可能。心理師發現昇昊並沒有如他所願地改變，因此感受到無力與挫折。雖然現實的治療目標是減少自殺念頭發生的頻率，並防止念頭轉為衝動行為，但心理師反覆想著要完全消除或改變昇昊的自殺念頭，反而讓心理師產生了挫折感，妨礙他專注於治療。

在上述例子的背後，能改變想法的信念起了關鍵作用。思考並不像雕塑那樣是能夠修改並隨心改變的。以下這句話是精神科病患最常聽到家人或身邊的人說的話，然而這句話卻是完全沒有幫助的建議之一。

「為什麼要這樣想，改變一下想法吧！」

如果有人向你訴說煩惱，千萬別說這句話。對方好不容易向你吐露心聲，卻聽到你叫他改變想法，這反而會讓他因為自己做不到而感到羞恥和慚愧。很可能從此之後，他就決心不再對任何人吐露自己的心聲了。

與其說是我們的努力或意志改變了想法，不如說是各種想法在相互競爭著我們的注意力。在各式各樣的想法中，聲音越來越大的想法是會誘發較強情緒的想法，以及能更長時間抓住我們意識的想法。有些想法會自然飄走，有些想法則會讓人注意——然而，改變想法是不可能的。

以昇昊的情況來說，他對死亡的想法是有其背景與邏輯的，所以這種想法無法改變。不過，對想法賦予意義的人是我們自己，因此，我們所能做的，就是去鼓勵並支持他人注意更正面的想法。想要改變他人想法的行為通常會失敗，這樣反而只會讓自己與對方的關係惡化。

重點處方

試圖改變想法對自己與他人來說都沒有太大幫助。我們能做的就是努力讓負面想法自然飄走，或從負面想法中逃出來。想幫助抱持負面想法的人，我們要先承認產生負面想法的可能性，然後最好勸其專心於正面想法，並予以支持。

3 我當時為什麼要那樣？

想起羞恥之事

三十幾歲的俊曄至今難忘去年發生的事。他和公司同事一起聚餐，勉強接過愛喝酒的主管替他倒的酒，結果喝到不省人事。雖然因為喝到失憶記不清楚了，但俊曄聽其他員工說，他對主管發火，甚至還在大家面前嘔吐。從未展現出散漫模樣的俊曄感到十分羞愧，之後每次遇到人都很擔心別人會怎麼看待自己，也很在意當天不在酒席上的員工是否會聽聞此事。俊曄也想過無數次，要是能回到此事發生之前，他就再也不會有其他心願了；甚至想過要不要跳槽到別家公司。這些想法不斷反覆，最終在俊曄的腦海中縈繞不去。每當他和公司同事碰面或開會，這些想法就會出現，讓他很難與別人對視，而且總是畏畏縮縮的。

生存的感覺：羞恥心

羞恥心是我們在團體生活中所會感受到的情緒，主要在其他成員對自身行為持負面態度時會感受到，越在意他人想法的人，就越容易感到羞恥。為了讓團體有效發揮作用，成員必須依照秩序與系統行動，如果有不遵守規則的成員，團體生活就會變得很困難。人類透過團體生活來維持生存，所以每個人都害怕掉隊。因此，我們總是在意著別人對自己的看法，一遇上其他成員可能會疏遠自己的情況就感到羞恥。羞恥心是一種強烈的負面情緒，所以引發羞恥心的想法一旦進入腦袋就不容易消失。

羞恥心與罪惡感是不一樣的情感。做出不符合團體規則的行為，或是做出讓自己脫離團體的行動，我們就會體驗到羞恥情緒；而做出不符合自身規範或價值觀的行為則會體驗到罪惡感。將自身缺點暴露給他人看時我們會體驗到羞恥心；而否定自我時則會體驗到罪惡感。俊曄的情況是他更擔心別人對他的看法，而不是否定自己的酒醉行為，而且他會反覆想起這件事，從點來看，他的情緒算是羞恥心。

羞恥心與罪惡感都和憂鬱症密切相關。紐約雪城大學（Syracuse University）的研究團隊分析現有的一百零八份憂鬱症研究結果，確認了羞恥心、罪惡感與憂鬱症的關係。結果顯示，相較於罪惡感，憂鬱症和羞恥心比較有關。[19]反覆思考那些引發羞恥心的想法會損害精神健康，這種行為就如同自我責備，甚至比責備自己的行為更嚴重。

回顧羞恥之事當然也有其正面意義，這能幫助我們客觀看待自身行為，思考哪些部分做錯，想想應該改為怎樣的方式。回顧羞恥之事有助於減少對團體生活造成問題的行為，並增加合適行為。日本名古屋大學的研究團隊以日本和美國上班族為研究對象，做了與此相關的研究，他們調查了研究對象因羞恥心而感受到威脅的程度和遵守組織規則的程度。結果顯示，越容易覺得羞恥心是威脅的人，就越會遵守組織規則。[20]對羞恥之事的想法會引發負面情緒，但另一方面也會幫助我們用更合適的方式參與團體生活。

俊曄的案例是太過反覆思考羞恥情況，這反而對他的社會生活造成負面影響。反覆思考引發羞恥心的事會阻礙人際關係，嚴重時還可能引起社交焦慮症（Social

Anxiety Disorder, SAD），社交焦慮症的患者會害怕且逃避社交，導致日常生活上的困難。

引發羞恥心的信念

之所以會反覆思考那些引發羞恥心的想法，其原因也是受到幾種信念的影響。

第一，相信對自身而言的大事，對別人來說也是大事。人生在世，會發生無數事件，其中只有很小一部分會讓人記憶深刻，其他大部分都將被遺忘。那些讓人產生強烈情緒的事，其情緒部分特別容易和記憶連結，於是就被長久保留在了記憶裡。因此，引發羞恥感的事會長久地被記在腦海裡，遇到必要或類似的情況時就會再次被想起來。然而，在這種情況下感到羞恥的是自己，不是別人，其他人大多只覺得：「他幹嘛突然這樣？」、「今天怎麼行為那麼怪？」當自己感到羞恥時，別人不會感受到任何羞恥感，就算有感受，頂多也只會感覺有點可笑而已。讓自身感到羞恥的事很有可能不會被留在其他多數人的記憶中，就算別人記得，也不會是多重要的記憶。讓自己感到羞恥的事，對別人來說只不過是擦身而過的平凡日常罷了。

第二，相信傳聞會影響人的名聲。經歷過羞愧的事以後，我們會擔心大家覺得自己很奇怪，就像俊曄也很擔心不在聚餐現場的其他同事知道這件事。當然，我們可能會擔心別人把自己當成怪人，但相較於從他人那裡聽來的訊息，人們通常更相信親眼看到的情況與親身經歷的事，在判斷時也更重視這部分。即使聽到某人不好的傳聞，只要實際見面時覺得對方為人不錯，大部分的人都會更相信自己的判斷。因擔心傳聞而表現得畏縮或生硬，反而會成為別人對你做出負面判斷的依據。

如果你有各式各樣的擔憂，那更要以自信的態度去面對別人。與其因自己先前的行為而擔心名聲好壞，不如努力在今後實際碰面時留下好印象。

重點處方

人類透過團體生活來維持生存，所以每個人都會害怕掉隊。由於總是在意他人對自己的看法，被疏遠時會感到羞恥。然而多數人並不關心別人的事，亦不會深究他人之事，因此與其擔心名聲不佳，不如努力給人留下好印象。

4 我為什麼這麼懶呢？
過度相信努力

秀英是一位大學生，高中時她的母親突然被診斷出癌症，不久後去世。一開始她不敢置信，後來她彷彿失去一切般心痛，任何事物似乎都無法填補她空蕩蕩的心。之後，秀英不管做什麼事都很容易疲倦，無論學業還是與人相處她都感到很無力，認為自己辦不到。雖然看到努力做事的朋友也非常羨慕，但秀英連早上起床都覺得辛苦，醒來後也要花很多時間才能打起精神。因此，她做作業經常拖延，時常都是快截止時才會交作業。

秀英經常想：「我為什麼體力這麼差？為什麼這麼懶？」為了改變，她也制定了各種計畫，但大部分都以失敗告終。最近她的無力感又更加嚴重了，大部分時間都躺在床上，就算連開窗這種沒什麼了不起的事，都讓她覺得像搬巨石那般吃力。某個問題時常占據秀英的腦袋：「我為什麼克服不了這件事？」

鉉辰非常勤勞又老實，因為父母從小就向他強調勤勞與老實的美德。鉉辰聰明過人，沒有辜負父母的期待，學習成績也很好，最重要的是他總是全力以赴。進入理想大學後，他不只努力讀書，還參加了社團活動。他不管做什麼事都很努力，所以不論身處何處，都會扮演好自己的角色。畢業後鉉辰在公司工作了幾年，接著開始經營個人事業。事業並不像想像中順利，雖然付出了努力，成長卻很緩慢。無力感在不知不覺間找上鉉辰，起初只是該做的事被拖延一、兩天而已，但後來，拖延的程度越來越誇張，甚至阻礙了事業正常經營。要維持原有的工作就已經讓鉉辰很忙了，他完全無法思考是否要推出新產品或擴大事業。

看著自己這個模樣，鉉辰覺得很痛苦，一想到自己為何跌入如此深淵，他就感到十分自責。雖然想要從明天開始加油努力，但每到早上他又很難從床上爬起來。他覺得自己很懶惰，還覺得自己再也沒用了，他的日子過得很吃力、很辛苦，感覺毫無意義可言。

很多人認為自己的無力感是出自於懶惰。秀英與鉉辰無力感出現的原因各不同，但面對感到無力的自己，卻展現出同樣的自責傾向，覺得自己很懶惰。不過懶惰和無力感是不一樣的，懶惰是即便有能力也不想忍受辛苦與痛苦，因而逃避；無力感顧名思義則是體力下降，什麼事都做不了的狀態。懶惰取決於決心，因此根據意志力或努力程度的不同，情況也許會不一樣；然而無力是想做也做不到的狀態，改變心態並不能解決問題，就算靠意志力和努力也不會好轉。也因此又讓人產生愧疚感，陷入更嚴重的無力感之中。

過度相信努力，會讓我們生病

從很久以前開始，我們社會就存在著意志力與努力無所不能的信念。人們堅信，不管環境多惡劣，只要有意志力與努力就能解決所有問題和逆境。偉人傳記、自傳、大眾媒體強化了這種信念。林肯出生於貧困農家，雖然幾乎沒受過學校教育，卻透過自學當上了律師；海倫・凱勒小時候因疾病失去了聽覺與視覺，之後卻成為世界知名人士。這些故事告訴我們「只要有意志力與努力就沒什麼事不可能」，接觸這類故事，讓我們不由自主地產生了信念——相信只要有意志力與努力，就能解決一切問題。

秀英的情況就是如此，為了克服無力感，秀英嘗試鞭策自己，但她還是無法擺脫無力感。**把無力感看作自身意志的問題，就會陷入無法自拔的泥淖。**在沒氣力

亞伯拉罕・林肯

時更加使勁可能暫時會有效，但是很快地就會再次變得無力，如果努力後又再度陷入無力狀態，我們就會落入因挫折而更加無力的惡性循環。只憑藉意志力與努力來解決無力感問題，只會讓情況更糟，無濟於事。

鉉辰相信勤勉和老實，這樣的信念影響了他，讓無力感持續並加重。直到創業前，他都符合這樣的價值觀，然而由於事業發展不順利，無力感找上了門，變化後的自己與原本的自己互相衝突，產生了認知失調。因為在「要勤勉老實」的信念背後隱藏著的想法便是：「只要不勤勉老實，就是沒用且失敗的人」。

無力是告知危險的信號

雖然大家聽了也許會感到訝異，但無力感是大腦要保護自己的一種信號。例如，秀英在母親去世後開始變得無力——實際上許多患者在精神上遭遇困難或壓力過大時都會產生無力感，無力感具有保護我們的作用，讓我們免於再次經歷危險。人有氣無力時，暴露在危險中的可能性就會降低。在原始時代，光走出洞穴就是個有一定危險性的行為，不過如果氣力不足，人就會留在安全的場所內，因此暴露於危險的機率便大幅減少，對於保存體力與精力幫助甚大。

另外，無力感也會減少經歷負面情緒的可能性。挑戰有可能會失敗，而失敗會誘發挫折感；接近他人可能會被拒絕，被拒絕會感到被疏遠。人若無力就不會去挑戰什麼，也不會接近任何人——這樣一來，就會降低我們感到挫折與被疏遠的可能性。**無力感保全我們的安全，讓我們保存能量，保護我們免於負面情緒的影響。**

不過，如果嚴重感到無力或狀況持續，日常生活就會出現問題。秀英連最簡單的活動都做不了；鉉辰則演變成自我貶低的情況。如果自我貶低狀況加劇，還會引發自殺事件或危險行動。我們該如何克服無力感呢？

首先，與其繼續想著自己無精打采的狀態，不如直接藉由行動來克服無力感。即便是簡單的事，也需要我們付諸行動。就像秀英的例子一樣，遭遇巨大壓力時，為提高生存可能，大腦會讓自己變得無力。如果光是腦袋想著：「沒關係！危險不見了，可以動起來了。」這麼做的效果不大；我們應該要從不具危險的安全事情開始實行，讓身體自己體驗到情況變安全了。**即便是極為簡單的事，只要反覆付諸行動並安全地執行，不知不覺間大腦就會認為我們沒必要再繼續無力，因而降低無力感。**

有些人可能會問：「都已經無精打采了，要怎麼付諸行動？」我們並不是只有狀態正常才能行動。人們大都經歷過這樣的情況——一開始覺得某件事好像很辛苦，雖然不想做但還是做了，結果開始做之後，就順利完成了。大家之所以都會有這樣的經驗，是因為沒經歷過這種情況的話，就等於不曾嘗試過。

我也會在一天內經歷好幾次這樣的情況。我會覺得自己的身體狀況很差，實在沒辦法再看病人了，但當我和第一位患者聊著聊著，不知不覺間狀況就好轉了，接著第二、第三位患者又聊得更輕鬆了。即便在疲憊不堪，好像什麼都做不了的情況下，先寫下第一個句子後要產出下一句也會容易得多；即便自認現狀不適合某些行動，一旦付諸行動，身體狀態就會發生變化，做事就會變得容易很多。在心理學中經常說：「不是因幸福而笑，而是因為笑而變幸福。」無力感也是如此，不是因有氣力才能動作，而是因為動作了才有力氣。

重點處方

無力感是自我保護的大腦信號，無力感有保護作用，讓我們不會再次經歷危險。然而如果無力感加重，日常生活就會出現問題，所以對無精打采的狀態置之不理並不好。與其責怪有氣無力的自己，不如先處理日常小事。處理沒什麼特別的事並反覆實踐，大腦就會判斷狀況安全，降低無力感。

5 他為什麼害我這麼辛苦？

對人際關係的看法

陳鎬是一位三十多歲的上班族。由於他的主管無法控制自己的脾氣，陳鎬的職場生活過得很辛苦。該主管是他的大學學長，兩人私底下的關係從以前就算還不錯。問題出在職場上，主管只要對陳鎬的工作結果感到不滿，立刻就會火冒三丈。每當如此，陳鎬就只能畏畏縮縮的，跟主管報告時他都很緊張，心跳加速。主管當然不是只對陳鎬發火，他也會對其他職員大發雷霆。陳鎬表示，看到其他職員挨罵他也會覺得不舒服。

陳鎬從小就不太愛表露情緒，就算有生氣、傷心的事，他也會忍著、不輕易表露。他不但對家人是如此，在職場上也從沒對任何人發過火。陳鎬無法理解主管的行為，在陳鎬眼裡，那些都不是值得發火的事，也不是會傷害別人的事，然而他的主管實在太容易發火了。每次主管發火，陳鎬便會把責任歸咎於自己，覺得是因為自己做得不夠好而惹主管生氣。然而越是這樣想，他就越容易覺得自己不夠好，因此更擔心主管會生氣。

珠雅是一位三十多歲、在職場工作的媽媽，她表示自己無法理解丈夫。儘管兩人都在上班，但家務與育兒一直都是珠雅的分內之事。老公每天和公司同事一起去喝酒，經常晚歸。要是老公能在早回家的日子或週末時間照顧孩子就好了，但孩子已經很黏媽媽，變成媽媽的跟屁蟲了。聽說有很多爸爸能跟孩子玩在一起，她感到很怨憤。下班時間對她而言不像結束工作後回家休息的時間，而是又要再去另一家公司上班的感覺，她覺得自己被困住，無法掙脫。週末她也是一個人看孩子、做家務，沒有休息空檔；平日上班反而還好一些。

若珠雅跟老公說自己很累，他就會回以完全沒有同理心的話：「別人都是這樣過日子，哪有什麼好累的？誰不累？」每當她看著同理能力低落的老公，她就會懷疑老公是不是反社會人格。

診療時，其中一種難解的案例就是「因他人而苦」的患者，最好的治療方法就是讓患者換一個對象，但這絕非易事。

無法掌控別人

會一直想到讓我們受苦的對象，是因為那個狀況我們自己沒有辦法掌控。不想維持就能直接切斷的淺薄關係，並不會讓我們感到不舒服；然而如果是在家人這類親近的對象上出了問題，當我們難以解決卻又無法直接斷絕與之的關係，就會陷入兩難。此時的我們失去了掌控感，而失去掌控感就會感到不安，因而就會反覆思考關於對方的事。

想擺脫對他人的想法，就不要去思考對方為什麼會做出那種行為，而是該把注意力放在如何應對那些行為上。我們無法控制他人的言行，但我們能決定自己的想法和行動。**就算不曉得關係本身該怎麼辦，我們也能決定在關係中自己要採取怎樣的態度。**

因此，相較於思考對方的行為，我們更應該思考如何應對對方的行為。為了解決問題，我們要思考自己該如何行動，問問周遭的人，尋求解決方法。陳鎬應該向人事單位請調部門或透過面談尋求解決辦法；珠雅應該更積極地和丈夫討論家務與育兒的必要性，讓他分擔工作。如果對方在發火的同時又漠視了你的意見或要求，就應該強硬阻止對方再次做出類似的行為。當然，現實並不像說的那麼容易，想做出這樣的舉動必須有堅強的決心、覺悟與勇氣。

真正恐怖的不是對方而是自身情感

害怕和對方對話的表面之下，其實怕的是對話時經歷的不愉快情緒。陳鎬表面上是害怕主管發火，但如果再多觀察一下陳鎬的心情，我們就會發現，實際上陳鎬怕的並不是生氣的主管，而是主管生氣的時候，自己所感受到的情緒。這種狀況會引發陳鎬的焦慮、不自在、緊張、憤怒等多種負面情緒，而且他只能完全忍受，這是非常痛苦的。

另一方面，在丈夫拒絕幫忙且沒有同理心的時候，相較於丈夫的拒絕，珠雅當下所感受到的羞恥、疏遠、遺憾讓她更為痛苦。因此，**為了要和讓我們很辛苦的人對話，我們需要即使產生負面情緒還是能夠承受的力量**。在實際治療病患的過程中，我經常聽到有人說：「將心情放鬆、保持平靜之後，面對對方就變得容易多了，能自在地說出自己想說的話，也會大膽面對以前因害怕而逃避的事。」對於因關係而感到疲憊不堪的患者，治療者的作用是要替患者加油、給他們鼓勵並陪伴他們，讓患者能平靜面對那些讓他疲憊的對象，不要迴避。

然而若對方最終在人格方面不尊重我們，那就要與這種關係保持距離。我們要告訴對方，那些特定行為會引發負面情緒；如果你已經如此要求對方改變，但對方依然故我地重複同樣行為的話，就是不尊重人了。

如果無法以人性化的方式對待，我們就沒必要和對方維持關係了。這就是珍惜自

己以及珍惜自身生活的行為。如果連我們都不珍惜自己的人生，那也不會有人珍惜我們的人生。

重點處方

生活中常會遇到讓人很疲憊的對象，此時別去思考對方的行為，而是應該想該如何應對。就算有時擔心跟對方對話會引發不舒服的情緒，因而想避開，還是要鼓起勇氣面對。如果有人不用人性化的方式對待我們，那請不要回頭看，我們只有一件事要釐清，那就是：如何珍惜自己的人生。

6 不知道該如何選擇？

認為必須做出無悔選擇

珉碩有個交往很久的女朋友，他在偶然間看到女友和其他男性的訊息來往。珉碩很訝異女友居然在和他交往的期間同時跟別的男人交往。雖然珉碩要求女友解釋，但女友反而生氣了並與他斷了聯繫。珉碩感覺自己被嚴重背叛，認為這段期間一直珍視這段關係的自己就像個傻瓜。回顧過去，他才想到不知從何時開始，女友的態度早就已經發生變化了。女友看起來似乎不太想跟他約會，也懶得通電話。珉碩很苦惱是否該和女友斷絕關係，一想到感情關係中最重要的信任被打破，他就覺得持續關係已經沒有了意義。

然而，幾天前女友又聯絡了他。聽到女友的聲音，他再次憶起喜歡她的那些記憶，情感也活了過來。結果，珉碩請女朋友好好思考要不要持續這段關係，然後再告訴他她的想法。

廈情正在煩惱要繼續上班還是辭職。廈情的個性從小就優柔寡斷，選擇時經常猶豫不決，深怕自己選錯。她之所以讀書上大學、進公司工作並不是為了什麼夢想和目標，而是因為別人都這樣做。然而她覺得職場生活很不自在，並不適合自己。她也想過要邊上班邊為其他工作做準備，但下班回到家就已經很晚了，她沒時間去補習班，週末又太累。她也不是沒考慮過先辭職再用存款去準備轉換其他工作，但她擔心辭職後想再回職場也很難再進去了，或是擔心自己以後會後悔，因此她不敢草率離職。抱著這樣的苦惱，轉眼間就過了好幾個月。

生活中我們會面臨各式各樣的選擇問題。從簡單的小事到對今後生活產生巨大影響的事，人生本就是一連串的選擇。我們不曉得現在的選擇會導致怎樣的結果，即使面對小小的選擇我們也會猶豫不決，有時甚至會拖延下決定。

為什麼思考越久越容易做出糟糕的決定？

在持續苦惱的過程中，「越深入思考就越能做出正確選擇」的後設認知信念會產生作用。這種信念會讓人擔心快速決定下所做的也許不是好選擇，但研究決策的心理學實驗顯示，思考時間長不一定代表就能做出正確選擇。

荷蘭拉德堡德大學（Radboud Universiteit Nijmegen）的研究團隊曾以足球專家和非專家為研究對象，進行了預測足球比賽勝負的實驗。研究團隊把研究對象分成了三組：第一組的人在長時間深入思考後選出獲勝隊伍；第二組無意識地選擇；第三組的人則在短時間內選擇。有趣的是，不管是專家還是非專家，都是花長時間深思熟慮的那組預測準確率最低。專家之中無意識選擇的人，比深思熟慮的人預測準確度高；而非專家的人則是在短時間內匆忙選擇的人準確度較高。研究團隊對此研究結果做了以下說明：

無意識選擇或短時間選擇時，只根據重要資訊做決定；但經長時間思考，便會把重要和不重要的資訊全考慮進去，因此反而增加了選錯的可能性。[21]

雖然足球比賽優勝隊伍的預測和生活中各種選擇間存在明顯差異，但若考慮到研究結果，**認為「想越多選對的可能性越大」的信念就不對了**。因此，選擇時與其反覆思考各種因素，想要百分之百確定，不如在適當時間內根據重要因素來做決定，這樣才有助於做出正確的選擇。

研究結果顯示，隨機選擇後迅速行動，會比長時間苦惱後的選擇令人更滿意。芝加哥大學（University of Chicago）的研究團

隊曾經研究擲硬幣是否有助於選擇，以及人們對那個選擇是否滿意。該研究團隊架設了一個網站，這個網站能讓研究參與者在網頁上丟硬幣，網頁會隨機出現正面或反面。研究參與者最常煩惱的問題是：「要辭職嗎？」接下來依序是：「要斷絕關係嗎？」、「要復學嗎？」還有：「要創業嗎？」最後，團隊對於參與者是否遵循擲硬幣結果、參與者在兩個月及六個月後是否幸福，以及對自己的選擇是否感到滿意，全都做了評估。

有趣的是，依照丟硬幣結果付諸行動的人在兩個月和六個月後是更幸福的，而且他們也對自己的選擇感到滿意。尤其是那些立即付諸行動的參與者，他們的幸福度與滿意度很高。[22]研究結果顯示，做重要選擇時，合理地做決策固然重要，但若想有幸福且滿意的人生，在適當時機把選擇付諸行動是很重要的。

先審視自己

選擇時猶豫不決的原因常常是因為不確定想要什麼。自己喜歡什麼、做什麼事會感到幸福、什麼事物很重要，這些對於做決定來說，都是很關鍵的。究竟珉碩是很想維持和女友的關係？或者想結束掉這段關係後，再去找尋其他值得信賴的對象？他對這部分的想法還不夠明確，於是他的舉動，就只是把和這段關係有關的重要選擇，都推給女友。如果珉碩明確知道自己想要什麼、什麼會讓自己幸福，他就不會把決定推給別人做了。這絕對不是謙遜或顧慮他人的行為，而是把人生託付給他人，只是種逃避責任的行為。

若覺得某個問題很難以選擇，深思熟慮之後也無法做出決定，那就對自己拋一個和問題相關的提問吧！這麼做有助於下決定。例如假使本來的問題是：「跟他繼續交往比較好，還是分手好？」請把這個問題改成：「和他繼續交往或分手，我更想要哪一個？」

有時兩種不一樣的欲望會引發矛盾，而當兩種欲望衝突時我們就要思考，滿足怎樣的欲望才算是真正為自己而走的道路。對珉碩而言，一邊是想維持關係的欲望，另一邊是想清理掉傷害他的關係後，再去找一段新關係的欲望，他需要思考滿足哪一種欲望才是對自己有幫助的。**越明白自己和自己的欲望，選擇就會越簡單明確。**

對後悔的恐懼

是否會選錯或以後是否會後悔的焦慮感也會影響選擇，讓人一再拖延。雖然廈情因焦慮而認為公司的工作不適合自己，但她還是沒辦法辭職。有人相信選擇是有正確答案的，廈情的焦慮就是受這種信念的影響。在選擇的十字路口上，她認為只有一個方向是對的，別的選擇便是錯誤答案，因而產生了恐懼。

然而，**大多數的人生問題都沒有對錯，反而是做出選擇後要怎麼生活比選擇了什麼更重要。**與其一直煩惱要不要辭職，更重要的是在辭職後好好了解新職場與新事業，並盡最大的努力去做；若續留原公司，重要的便是該要用怎樣的態度和心態工作。換言之，害怕選錯答案而一直苦惱的行為，只是在不必要的地方消耗自己的時間和精力而已。

我們的選擇造就了人生的道路。長時間思考不代表就能做出正確選擇。雖然選擇有時很難，但如果我們記得自己才是人生的主人，誠實面對自己的欲望，我們就能在面對各種人生問題時有自信地選擇並行動。

重點處方

雖然我們需要一定程度的思考，但過度苦惱會引發焦慮和憂鬱，而且如果思考只停在苦惱上，時間與精力都會被擔心消耗殆盡。因此，雖然我們需要一定程度的思考，但重要的是以思考為基礎做出選擇，並在適當的時機付諸行動。

7 這裡還有一點不夠好

關於完美主義

成雅是一位主修美術的大學生，她有完美主義的傾向，一旦下定決心，就要做到讓自己滿意為止。做作品時，她會斷絕所有聯絡，不管是誰她都一連幾天避不見面，只埋首於工作之中。於是工作結束後，身心俱疲的她只能在床上躺好幾天。得益於這種完美主義的個性，周遭的人都會稱讚成雅的作品；然而要是有人對作品的評價不佳，成雅就會覺得一切都毀了——她會非常生氣，覺得無法忍受。每次如此，成雅就會下定決心要畫出所有人都認可的作品。完美主義也影響了人際關係。成雅覺得和別人見面聊天會浪費時間，雖然她也交過男朋友，但某次她因為在畫畫時斷聯跟男友吵架，因而認為是男友妨礙到她的美術創作，於是他們就分手了。如此熱衷於美術的成雅，某天開始卻變得什麼都不想做。雖然她必須計畫、準備畢業作品，但就算大腦知道要做，她還是無法付諸行動。成雅曉得一旦開始作業就會再次承受很大的壓力，所以她很害怕，也很擔心自己能否承受得住。

三十幾歲的秀妍有強迫症，出門前一定要先確認東西的位置，緊緊鎖上門才會放心。如果某天晚起，因為急著出門而隨便確認就鎖門，她便會一整天都很不舒服，擔心東西是否還在、擔心會不會失火或遭小偷。秀妍也知道這種想法並不合理，她只要告訴身邊的人就會被當作怪人。然而要是早上她對物品位置和門鎖稍微疏於確認，人在公司時就會一直想起來，導致她無法專心工作。此時，她會怪罪自己沒有早點起床，所以才沒辦法徹底確認。某天，秀妍反覆確認過後還是覺得很不安，於是她把物品和房間拍下來，在上班路上確認。從此之後，一不拍照她就會感到焦慮。隔天開始，她不僅得確認物品的位置，還要拍物品的照片才能放心。秀妍無法理解自己，她覺得自己像個白癡，整天的注意力都被日常物品搶走了。

只有正解與錯誤答案的世界

社會強迫我們要回答正確答案。我進入國小的第一次考試就是聽寫，評分標準是能不能好好寫出老師念的文章，寫錯一個音或是空格有錯就會被扣分。之後，我們也反覆進行考試與被評分，而這之中只有正確解答或錯誤答案而已。從小學、初中、高中到大學，我們都反覆在進行猜正確解答的教育與訓練。也許是這個原因，我們不知不覺地認為一切都有正確答案。我們以為人生有正確答案，愛情有正確答案，育兒也有正確答案，並且擔心寫下非正解的那個瞬間，人生、愛情、育兒都會失敗，因此一直感到焦慮。

成雅的完美主義也跟這個情形很像，成雅覺得自己的作品必須是正確答案。因為只要她的作品不是正確答案，她之前的熱忱、努力與生活就會一瞬間化為泡影。所以成雅付出所有的努力，不容許半點錯誤。一旦作品遭受指責，就彷彿自己的人生受到責難般讓她覺得心痛，並對對方感到憤怒。於是她不斷反覆思考怎樣才能答出正確答案，反覆思考自己做的事是否正確。

正確解答與錯誤答案、成功與失敗、稱讚與指責，這些都是基於二分法的思維，也就是在看某對象時把世界分成兩邊，並認定它屬其中一邊。成雅將自己的畫作分為滿意與不滿意的作品，如果對作品不滿意，她就會不停地重畫。

秀妍也把東西的位置和門鎖分為準確與不準確，當覺得不準確時她就會感到不安。對成雅和秀妍來說，事物不存在完美與不完美的中間地帶。

這種二分法式的思維會讓人反覆思考完美。若我們認為某事完美時，會感覺到滿足、舒適、穩定、喜悅等感受；但認為某事不完美，則會經歷焦慮、不舒服、憤怒等。由於即便耗費很多時間與精力，還是會遇到許多無法達到完美的情況，於是會持續埋首於追求完美的想法中。

但世上大部分的事物是無法用二分法區分的，有很多情況沒有正確解答與錯誤答案。例如：一項藝術作品對某些人來說也許很美，但對其他人來說也許不美；人生也沒有規定好的正確答案，每件事都有各別的意義與價值。然而我們卻用二分法把很多事物一分為二，又因為思考後覺得不完美而感到不幸福。

「這輩子完蛋了」這句話曾在韓國流行過一陣子，雖然這句話也許是某人笑著開的玩笑，但對某些人來說，這句話卻在他們心裡卷起漩渦。如果認為人生無法按照自己的計畫進行，不順利就會完蛋，我們便會體驗到無力、挫折、空虛等負面情緒。

看見原本的樣子

只有擺脫二分法思維，努力去看見原本的模樣，我們才能擺脫對完美的追求。與其評價生活與自己的成果是否完美，不如去接受其原本的模樣。當我們離開評價的位置，站到觀察者的立場來看，我們就會了解真正的價值。**看見自己人生最原本的模樣，我們就能看到一些以成敗標準來評價人生時看不到的價值。**一個人的人生看似失敗，但在其中仍能看見各種美麗的價值，包括克服缺陷的幹勁、撐過辛苦時刻的毅力、為他人著想的溫暖、包容缺陷的勇氣等。

我在診間裡經常聽到對失敗的恐懼與擔憂。有人想挑戰公務員或證照考試，但又擔心可能在花費很多時間與精力後卻無法通過，所以連試都不敢試。然而就算沒考過，花費的時間真會毫無用處嗎？不是的。若是盡力而為，即便結果不好，還是能有很多收穫。我們會知道自己是否適合準備考試；就算經歷試錯的過程，也會學到自我調整的要領。即使沒考過，只要借鑑此次經驗，下次再挑戰時通過的可能性也會提高。看似失敗的時光，有時也會成為一份禮物。我們的生活中充滿了那些不符合完美和成功標準的事物，若能關注這些事物的原貌，那就不會再被想追求完美的強迫感束縛了。

重點處方

完美的假象讓我們陷入思考的泥淖，使我們躊躇不前，讓我們很沮喪。現在，就讓我們擺脫這種假象，真切地看待世界和自己的原貌吧。

第3章

負面想法先預防？你也辦得到

深陷思考中的情況

所有疾病都是預防勝於治療，陷入負面思考的情形也是如此，知道自己主要會在什麼情況下陷入思考，就能輕易避開。本章我們將觀察哪些情況會讓人陷入思考，並了解在這些狀況下該如何避免。

1 身體一疲憊，大腦就會忙起來

身體活動的必要性

我們身體的狀態也會影響想法和情緒。有活力時，會產生正面積極的想法，感受到激揚的情緒；沒精神時，則會產生消極被動的想法，感受到憂鬱的情緒。身患疾病的人也很有可能會產生精神疾病，例如：被診斷出心血管疾病或癌症等疾病的患者，也容易出現憂鬱、焦慮、睡眠障礙等症狀。因此，為了精神健康著想，維持好身體健康也很重要。實際上，藉由規律運動、飲食、睡眠習慣維持良好身體健康狀態的人，憂鬱與焦慮的頻率也較低。

檢查自己身體的剩餘電量

我們常以為身體休息時大腦也會跟著一起休息，然而實際上並非如此。誠如第一章所述，當身體休息時，之前不活躍的大腦部位反而會正式開始活動（請參考第二六頁），活躍的預設模式網路會讓我們思考起自己與他人的過去和未來。

此舉雖然能讓人獲得一些靈感與教訓，**然而，人在疲憊狀態下產生的想法大多是負面的**。這時我們腦海中可能充滿了各式想法：「我為什麼如此不完美？我的生活為何無法隨心所欲？那個人的言行舉止究竟是出於怎樣的意圖？回顧過去，為什麼我過得那麼辛苦？未來感覺也不會發生什麼

好事。」

因此，為了不要陷進負面思考，不讓身體感到疲憊是很重要的。想要做到這一點，就必須準確了解自身的體力限度——要知道自己能夠工作幾個小時，和他人相處多久時間不會太勉強。只有如此才能防止工作過度，或是與他人社交的時間過長。時常覺得疲憊的人，通常都無法準確掌握自身體力，或是誤以為自己的體力很好。

若已經事先了解自己的體力如何，平時就可以安排只消耗部分體力，然後保留部分體力。只要平常節省二〇～三〇％的體力作為必要時使用，就能夠避免身體疲憊或過度疲勞。

雖然我們要努力不讓身體疲憊，但疲勞時與其什麼都不做，還不如邊休息邊做簡單的事。即便很累，還是可以輕鬆地走走路或把注意力擺在單純的興趣活動上，以避免陷入負面想法。

增強體力也是必須的。想承擔忙碌的工作，我們就必須依靠體力支撐；想維持體力，最好的辦法就是運動。如果因為容易疲勞而常常陷入負面想法之中，那我推薦一定要藉由運動來增強體力。

重點處方

身體疲勞很容易陷入負面思考，所以平時就要掌握好自身體力和精力，保留額外體力。為避免陷入負面想法，如果感覺能量耗盡，就讓身體簡單地動一動吧！建議經常感到疲勞的人能藉由持續的運動來增強體力。

2

明明該行動，身體卻動不了

拖延之念

娜恩是一位有拖延習慣的大學生。交報告總會拖到期限前一天，等到火燒屁股了才開始寫。準備考試也一樣，娜恩都在考試的前幾天才開始讀書，所以她成績也不太好。

娜恩並非向來喜歡拖延的人，高中之前，她讀書讀得比任何人都認真，而且不管做什麼，總是做得很完美。雖然大學時在課業上表現出了拖延的態度，但在家裡和朋友間的人際關係上她都不會拖延。娜恩的拖延習慣並不是出自精神疾病，她平時沒有嚴重憂鬱或無力感，也沒有注意力低下的症狀，所以這並非出自憂鬱症或注意力不足過動症（attention deficit hyperactivity disorder, ADHD）。娜恩只會在大學學業上對該做的事展現出拖延的模樣。

拖延該做的事情時，腦海裡會充斥各種想法：「報告要什麼時候寫？」、「考試要複習的內容好多……。」我們在內心裡想著「反正事情之後再做就好」而不動作，但察覺到自己這個模樣又會覺得很愚蠢且令人心煩——然而這些全都只是想法，沒有付諸於實際行動。

拖延習慣造成的惡性循環

不論在自己或周遭人身上，像娜恩這樣子的拖延態度都是很常見的。因為要做的事總有一天必須做，所以越是拖延，焦慮與擔心就越嚴重，而且一旦解決問題的時間被縮短，還會讓問題變得更嚴重——拖延得越久，能讀書的時間就越少，拿低分的機率就越大；如果不解決與他人的誤會或矛盾，關係隨著時間會越來越差，之後可能就很難恢復了。

如果像娜恩一樣拖延該做的事，我們便會陷入自責。大家都希望自己能熟練地按時完成任務，尤其是控制欲強的人。控制欲越強，就越會希望能完全掌控自己。如果某些事拖延了，我們就會因自己所夢想的自我形象與現實面貌不一樣而感到不適，並產生自責的想法。若能因自責而改變行為，那實屬萬幸，然而大部分的自責只會誘發憂鬱與挫折。

此外，拖延這個行為會讓我們無法專注於事情上，並且使我們深陷思考。拖延會讓有目標的精神活動停止，讓大腦進入產生各種想法的模式（預設模式網路）。如果這樣的思考模式一直持續，我們就會接二連三地在思考中消耗了時間。就像有時候，我們什麼事都沒做，時間卻不知不覺地就過去了，相信大家肯定都至少經歷過一次這樣的經驗。

拖延是自然的心理欲望

為什麼明知拖延不好，我們還是會反覆拖延呢？

很多人都認為拖延是一個人的意志力與個性的問題，他們會說：「意志不夠所以一直拖延工作。」、「都是因為個性懶惰。」但臨床心理專家海登・芬奇（Hayden

Finch）博士在《拖延心理學》（*The Psychology of Procrastination*）中表示，拖延是情緒問題，她說：

「拖延任務能避免不舒服的情緒，而藉此獲得的安穩感是會讓人上癮的，所以之後若又出現類似的情緒，再次拖延的機率就會提高。」

當我們面對該做的事情時，實際上會經歷各種情緒。一旦任務困難或複雜，我們就會有壓力；當目前的精力不夠工作所需，我們便會感到無力；在規定的時間內必須做太多事時，我們會感到壓迫；面對一失誤就會出大麻煩的事，我們會感到焦慮與緊張。而能輕易消除這種負面情緒的方式就是拖延。**曾有過藉拖延行為來消除負面情緒的經驗後，每次出現該做的事情時我們就會拖延。**

停止拖延的辦法

為了停止拖延，我們得要先認知到自己本是為了避開不舒服的情緒而拖延的，並且去了解究竟是以下哪種負面情緒使得自己拖延——無力感、負擔感、壓迫感、焦慮感、緊張感……？如此一來，就不會再把拖延視為意志力或個性問題，離解決拖延症又更近一步了。

了解自己會引發拖延症的不舒服情緒，就能根據不同的情緒尋求不同的解決方法。**若是因為心理負擔或無力感而反覆拖延，降低任務的目標會有幫助。**假使你抱著「報告必須完美」的目標來寫報告，就容易有心理壓力，認為自己無法實現目標，並因此感到無力。此時，如果將目標從完整的一篇報告降低為寫出一行文字，心理負擔與無力感就會大大降低。因為就算再怎麼無力，至少都還是能寫出一行來的，而且寫一行文字也不會造成太大的負擔。人通常只要一開始行動就會反覆下去，所以當你先寫了一行，之後就會寫出兩行，然後不知不覺間就能夠寫一整段。反覆進行下去，最終就會完成報告了。

如果是因為焦慮和緊張才拖延該做的事，在工作開始前做一些降低焦慮與緊張的活動會有幫助。深呼吸和腹式呼吸是減少焦慮與緊張的簡單方法，此外，若熟悉冥想、伸展、放鬆等活動，這些訓練對減少焦慮與緊張也很有效。

請依據引發拖延症的情緒，尋找屬於自己的方法來減少拖延行為吧！若有減少負面情緒的辦法，拖延的行為就會逐漸減少了。

重點處方

拖延並非意志力與個性的問題，而是情緒問題。若是為了避免心理負擔或無力感而拖延，那就將目標定小一點吧；如果是因為焦慮或緊張，建議先放鬆身心再開始工作。

3

是思考，害你睡眠品質不好

為熟睡而做的睡覺習慣

人的一天之中有很多時間都在睡眠中度過。我們能透過睡眠從疲勞中恢復，補充日常生活所需的能量。睡眠不只是休息而已，它對於學習與記憶，也都扮演著重要的角色。而且在深度睡眠期間，腦內堆積的有毒物質會排出，這對維持大腦的恆常性具有關鍵作用。[23]我們知道失眠會實際上增加阿茲罕默症這類神經退化性疾病的風險，[24]但是如今每五位成年人中就有一位是失眠症患者；就算是健康的人，在遭受壓力或困難時，睡眠狀況也會受影響。[25]

人一旦失眠，再怎麼努力都難以入睡。諷刺的是，我們越努力睡就越睡不著——只要努力想睡著人就會緊張起來，而緊張又讓人清醒，會把人從睡眠中喚醒。努力睡卻難以入睡的事實更讓我們感到煩躁，我們又會因為這些情緒而更加睡不著。假使這種狀況反覆發生，我們就不會是抱著安逸的心情入夢鄉，而是彷彿為戰鬥而進入競技場的角鬥士，帶著悲壯的覺悟與緊張去睡覺。

若前一晚睡得不好，隔天的日常就會受影響。由於清醒的程度下降，我們會一直很睏，無法集中注意力，不但工作效率下降，還經常發生失誤。睡不好也會影響心情，情緒起伏會變大，遇到小事也很容易生氣。如果有精神障礙，睡不好更會讓症狀惡化——睡不好讓憂鬱症與焦慮症患者們的憂鬱與焦慮感增加，讓 ADHD 患者的注意力下降。因此，維持規律的睡眠習慣對患者來說非常重要。在臨床上也常見在失眠情況好轉後，其他各式症狀也一起好轉的現象。

接二連三的想法妨礙了睡眠

失眠有各式各樣的原因，首先是錯誤的睡眠習慣——攝取過量咖啡因、在睡前運動或觀看刺激影片、午睡、在床上做睡眠以外的事、中途醒來時確認時間等，這些行為都會降低睡眠品質。

焦慮與緊張也是失眠的常見原因。因持續性壓力或隔日重要事件而高度焦慮也會讓人難以入睡。若失眠症狀持續，睡眠行為本身就會誘發焦慮與緊張，以至於妨礙睡眠。有時候，失眠是憂鬱症的症狀。人若患上憂鬱症，清醒與睡眠的週期就會出現異常，在需要活躍活動的白天會沒力氣、想睡；在需要安穩睡眠的夜間則會清醒、睡不著。以上各式各樣的原因皆會導致失眠，但還有另一個原因，那就是反覆的思考。

義大利聖拉斐爾生命健康大學（Università Vita-Salute San Raffaele）以正常人和失眠症患者為研究對象，研究了反覆思考和失眠之間的關係。他們評估了研究對象的睡眠品質、白天想睡的程度、反覆擔心和思考的程度、憂鬱與焦慮症狀的程度，並藉由睡眠中的多項生理檢查客觀測量了睡眠品質與睡眠量。結果顯示，憂心忡忡的人有入睡後很快就清醒的傾向，他們的睡眠量少，品質低下。[26] **越容易反覆思考的人入睡所需的時間就越長，睡眠品質越差。**

有些人腦海中經常出現負面想法，為避免思考，會在睡前看手機或電視，然而在真正要關燈睡覺的時候，之前避開的一推想法又突然湧出。這些接二連三出現的想法常常都是負面的，而且會誘發焦慮與緊張等情緒，使人清醒、更難入睡，有時還得閉著眼睛清醒度過好幾個小時。如果反覆出現這些經歷，甚至還會對睡前關燈的行為感到害怕。有些人會開著手機或電視，等自己睡著，這種行為雖然暫時有幫助，但卻會讓睡眠衛生變差、失眠情況惡化。因此，我們必須在睡前擺脫思考，就算已陷入思考也要有辦法甩掉它。

建立睡眠習慣

擺脫睡前思考的有效方法是**建立睡**

有助於入眠的睡眠習慣

前的規律儀式。有人也許會問，睡前玩手機、看電視算不算是一種儀式，但睡前儀式最好要是不刺激的、平靜的，偶爾有點無聊的事。呼吸訓練、伸展運動、放鬆療法、冥想、祈禱、讀書、聽平靜的音樂、泡澡、喝茶等都很適合。最好能找到適合自己的儀式，並持續執行。

這些儀式要具有穩定情緒、放鬆緊張肌肉、減少思考的效果，而且儀式後就要睡覺。這樣的順序反覆久了之後，光是做這個儀式就能讓人想睡。一開始執行時，由於這些儀式的刺激度比手機和電視小，所以做一陣子腦中肯定就會開始出現各式各樣的想法，因此要有意識地擺脫思考，把注意力擺回眼前的行為上。

十分鐘內入睡的呼吸專注法

關燈閉眼後，注意肯定會往腦中浮現的想法飄去。此時我們需要一個讓人轉移注意且專注的東西，那就是自己的呼吸。**專注在呼吸上對睡眠最有效**。空氣通過鼻腔與頸部進入肺部，再經過頸部與鼻腔出去——把注意力完全放在這段過程上吧！因為這個過程非常單純又無聊，所以可能沒幾秒鐘腦中就浮現了別的想法。此時為了不讓想法接二連三地延續下去，我們要再次把注意力放回呼吸上。即使感到厭倦，持續重複這個過程也是很重要的。一開始可能要花很多心思，但反覆練習後，就會不知不覺開始專注在呼吸上了。接二連三的想法會引發各式各樣的情緒、妨礙睡眠，不過因為呼吸很無聊，通常十分鐘內就會讓人入睡。這個方法一定要推薦給失眠症患者，許多回饋都表示效果很好，建議失眠或睡前會想很多的人一定要嘗試一下。

重點處方

有很多擔憂時，睡眠量會減少，睡眠品質會下降。如果睡前總是想很多，就試著選擇一些刺激小、平靜、無聊的事，來建立屬於自己的睡眠習慣吧！另外，完全專注在自己的呼吸上很容易讓人入睡，這對治療失眠很有幫助。

4 令人難以忍受的「無聊」

對刺激的追求

智賢是一位三十多歲的家庭主婦，她整天手裡都拿著手機不放。無論做什麼事，只要一有短暫時間她就會用手機看東西。使用手機讓她有專注並投入到某件事裡的感覺，手機裡的世界華麗、有趣、愉快、刺激，然而智賢實際的生活卻很無聊、乏味、單調。

在智賢生了孩子到辭職前，她對生活都還算滿意——工作雖辛苦卻很適合她，而且她也得到了同事們的認可。她喜歡看書，也持續運動，每天都能感受到一點點成長。結婚生子也是智賢想要的生活，遇見伴侶一起共度人生、擁有可愛的兒女，都是智賢所期望的生活。於是婚後有了孩子之後，雖然覺得放棄職場很可惜，但因為想專心育兒，她還是離開了職場生活。她認為在孩子身上花費時間與精力是值得的。

育兒本來就會一直讓人緊張，但習慣照顧孩子以後，從某刻開始，照顧孩子與做家務的日子都變得枯燥乏味了起來。由於每天都待在家裡，智賢唯一的外出活動只有帶孩子在家附近散步，感覺就像被關在籠子裡的小鳥一樣。能逃離無聊生活的時刻就是玩手機的時候，玩手機能讓她暫時擺脫被困住的感覺。

如此一來，她玩手機的時間越來越長，連做家務時也會想著要趕快結束工作才能玩手機。雖然有時也覺得玩手機的時間太可惜，感覺像在浪費時間，但她得邊照顧孩子邊做家務，中間空檔也沒什麼能做的事，而手機隨時都可以拿起來看。雖然想過要不要重拾閱讀的習慣，但她實在讀不進去，最後還是再次拿起了手機。智賢就這樣漸漸疏於育兒與家務。

永浩從小就很老實，身邊的人都對他頗有好感。他找了一份不錯的工作，也有一位論及婚嫁的女友。在別人眼裡，他是個沒缺點的丈夫人選，不過他有一個只有家人才知道的秘密——其實永浩沉迷於線上博弈。

一開始他是在朋友的勸誘下，單純出於好奇心才開始的，萬萬沒想到自己會染上賭癮。以前他總認為只有無法節制且令人心寒的人才會沉迷於賭博這種東西，然而如今就算他知道自己該停手了，他也停止不了。一到晚上他就想賭，畢竟線上博弈實在太容易，只要下載手機應用程式或上特定網站換錢就能賭了。由於很容易接觸，更容易讓人沉迷其中，永浩終究把之前攢下來的錢全都花在了線上博弈上。雖然他還是老實地在公司裡工作，職場方面沒有任何問題，但只要一拿到薪資，他就會把所有薪水全部花在線上博弈，如此的日常不斷反覆著。女友雖然不信任推遲結婚的永浩，但她還是想等他穩定下來。

很多人認為「成癮」只會發生在有衝動控制問題或難以自我節制的人身上，然而實際上，成癮也會發生在我們周遭常見的一般人身上。過去大多都是酒精、賭博、毒品、藥物中毒，最近則有越來越多成癮現象的產生是透過手機應用程式、網路、線上遊戲等等。讓人成癮的物質或行為會誘發強烈的刺激，讓成癮者耗費大量時間、精力和經濟資源。

刺激越強越容易沉迷其中

讓人成癮的物質或行為會透過強烈的刺激讓人投入其中。強烈的投入感變成了讓我們回頭找強烈刺激的原因，並讓我們反覆想起沉浸於某件事之中的記憶，進而影響到我們的想法和行為。

然而我們的大腦會適應刺激，一開始很刺激的東西，到後來也漸漸不會讓人有什麼特別的興致，所以**藉強烈刺激才能激發出來的投入感，就漸漸需要越來越大的刺激了**。

刺激的事物會耗盡我們的時間與精力，更嚴重的問題是，接觸刺激性事物的時間越長，我們就越難再留意平靜的東西。大腦習慣了強烈刺激之後，就無法再專注於單純、平淡、無聊的東西上了。

隨著大家對成人ADHD的認知度提高，最近自認是成人ADHD而進診間詢問的人越來越多。實際了解後，發現他們除了有注意力不足的症狀，同時似乎在日常生活上也都遇到了困難。不過，要被確診為成人ADHD，必須有一部分症狀是於十二歲之前顯現——但有些人在學生時期是完全沒有注意力問題的。有部分人明明到高中為止功課都表現得很好，也能好好閱讀，不會散漫，但成年後注意力卻大幅降低，連書都讀不下去。仔細了解後才發現，他們大多都是對某件事物上癮了。因為小時候沒暴露在刺激事物中，所以沒有注意力方面的問題，但成年後反覆暴露於刺激性事物中，就變得無法注意較平靜的刺激，因而出現了注意力不足的症狀。隨著注意力降低，以前能好好閱讀，現在卻變得無法專注閱讀，這也會影響日常生活。

一旦對刺激性事物上癮，人的大腦就會反覆出現想繼續尋找或接觸刺激性事物的想法。即便正在做其他事也會想起刺激性事物，然後再次渴望得到它。若已經沉迷於某件事，就會很難從中擺脫出來。就像巴夫洛夫*的狗只要鈴鐺一響就會流口水那樣，暴露於特定環境，就總是會讓人想起刺激性的東西。就像永浩深夜獨自一人時反覆想起線上博弈，這種想法一旦進入大腦，當我們越不想想到或是忍著不去行動，就越容易想到。這就跟我們一直想著「不要想大象」這句話時的反應是一樣的，一想這句話，我們就會更常想到大象。

減少大腦刺激

如果我們的表現不同以往——書讀不進去、平靜的音樂聽起來不舒服、覺得和熟人對話很無聊，那就該想想，我們的大腦是否長時間暴露於太厲害的刺激之中？

若大腦持續暴露於刺激性事物中，我們就很難注意到微弱的刺激。

只有一個辦法能擺脫渴望刺激性事物的念頭，那就是反覆練習怎麼去注意平靜的東西。使用手機應用程式會讓我們暴露於刺激中，若我們要減少暴露於刺激中的時間，就得要增加專注於平靜刺激的時間，如：讀書、散步、聽安靜音樂等這類較平靜刺激的活動。

---

*編註：Иван Петрович Павлов，1849~1936。俄羅斯生理學家、心理學家，因其古典制約實驗而聞名，曾獲諾貝爾生理學或醫學獎。

雖然一開始並不容易，但只要堅持不懈就能改變。即便從今天才開始慢慢付諸實踐，但我們還是能藉此親身體驗到注意力、專注力、記憶力逐漸提高。

重點處方

如果成年後注意力大幅下降，連書都讀不了的話，那就要確認有沒有對某些事物成癮。讓人成癮的物質或行為藉由強烈的刺激讓人投入其中，若反覆暴露在刺激性事物裡，我們就沒辦法注意到平靜的刺激，最終會產生注意力不足的症狀。使用手機應用程式等行為會讓人暴露於刺激性事物中，我們必須減少這類的時間，練習把注意力重新放到平靜的刺激上。

ADHD檢測表（精神疾病診斷與統計手冊第五版）

【注意力不足症狀】

- □沒有細心注意到細節或粗心大意犯錯。
- □注意力無法持續。
- □有時沒在聽別人說話。
- □無法遵照指示，無法執行任務。
- □難以組織工作或活動。
- □逃避參與需要一直耗費精神的工作。
- □經常丟三落四。
- □容易散漫。
- □忘記約定等日常活動。

▼十七歲以下有六個以上的症狀，十七歲以上有五個以上症狀，症狀持續六個月以上時，即判定為有注意力不足的症狀。

【過動與衝動症狀】

□手腳動作停不下來，坐著也會動來動去。
□在被要求坐著的情況下離開座位。
□做不恰當的行為或過度奔跑與爬行。
□無法參與安靜的休閒活動。
□不停地活動。
□話說太多。
□問題聽完前就搶著回答。
□沒辦法等待輪到自己的順序。
□妨礙他人的活動。

▼十七歲以下有六個以上的症狀，十七歲以上有五個及以上的症狀，症狀持續六個月以上，即判定為有過動與衝動症狀。

【注意力不足過動症症狀】

□ 注意力不足的症狀或過動與衝動症狀出現在十二歲之前。

□ 在兩種或兩種以上的環境下都有注意力不足症狀或過動與衝動症狀。

□ 症狀會干擾或降低在社會、學業或職業方面的能力表現。

□ 症狀不是單獨發生在思覺失調症或其他精神障礙中，無法以其他精神疾病（心境障礙、焦慮症、解離症、人格障礙症、成癮症或戒斷症等）來解釋。

▼有出現注意力不足症狀或過動與衝動症狀，且符合上述所有標準者，即判定為ADHD。

*《精神疾病診斷與統計手冊第五版》（DSM-5, *Diagnostic and Statistical Manual of Mental Disorders, Fifth Edition*）：美國精神醫學協會發行的精神疾病診斷與統計手冊，運用於臨床現場，以系統化的方式診斷各種精神疾病。

5 獨處，腦袋就想個不停

安全關係網的重要性

來看診的男性中，有一個人和妻子一起長期從事個人事業。他整天和妻子一起工作，休息時也一起休息，因此經常抱怨沒有屬於自己的時間。然而某天他的妻子去別的地方看病治療一個多月，他卻來我的診間看診，表示老婆不在他感到空虛和不自在，什麼都做不了。看他等著自己的妻子並希望她能早點回來的樣子，我不由自主地笑了出來。

人是生活在關係裡的動物。因此，我們在關係中成長，在關係中經歷最大的幸福與痛苦。我們能從建立關係與維持關係的方式中看出一個人的品性。**在精神醫學裡，要了解某人時，去理解他跟別人建立關係的方式是非常重要的**，因為憂鬱與焦慮等眾多精神科症狀都是在與他人的關係中出現問題進而誘發出來的。當我們覺得自己不被他人所愛或得不到認可時，我們就會變憂鬱；而想到可能受人冷落時，我們就會感到焦慮。

例如：和朋友吵架時，我們的腦袋裡會充斥著關於關係的各種想法：「難道是我錯了嗎？」、「他因為我的行為而不開心嗎？」、「他為什麼對我說這種話？」、「他為什麼不尊重我的意見？」、「要不要和好？如果要和好該怎麼做？」

人際關係的影響也有正面的部分。為了維持與對方的關係，我們會回顧自身行動，為理解對方而進一步接近。對正在成長的孩子們而言，這是發展社會性的機會。然而人若是太過深陷這類想法之中，就容易演變成自責心理或是誤解他人，從而引發對他人的憤怒。

孤立與隔絕的影響

被獨自落下的情況也會讓人多想，進而誘發憂鬱與不安等負面情緒。二〇二〇年，世界因新冠疫情而維持社交距離，美國老道明大學（Old Dominion University）

的研究團隊以一百九十九位大學生為研究對象，來探討影響憂鬱症的因子。研究對象在評估前的兩週間只出門五次左右，並且只跟十個人通過電話或面對面交流，社交關係十分萎縮。分析研究資料的結果顯示，感覺自己很孤獨的研究對象有重複性負面思考的傾向，而且負面思考的反覆和憂鬱程度有關。從研究中可見，社會性孤立與孤獨對於誘發憂鬱是有作用的[27]，這種獨自一人的情況很容易讓人陷入負面想法中，嚴重時可能使人憂鬱。現代人獨處的時間越來越多，以二〇二二年為基準，韓國獨自生活的單人戶為七百五十萬戶，占全體家庭的三四．五％。而和家人一起生活的情況下，由於智慧型手機的普及和生活方式的改變，獨自一人度過的時間也變得比以前更多。

如果在獨處時會一直陷入思考中，那就應該盡量減少獨處的時間，我們必須付出努力，試圖有規律地和家人或熟人花時間相處並積極溝通。和他人共度時光和對話一定會耗費時間與精力，然而穩定的關係會讓我們心情舒暢、提升認知功能並帶來活力。如果很難直接見到面，利用電話或社群網路服務也是一種方法。

透過間接經驗與他人連結

接觸書籍或藝術作品也是獨處時與人接觸的方法之一。雖然這並不是雙向溝通，但透過書籍或作品，我們能聽到作者或藝術家想傳達的訊息。我們能和他們交流，感覺就像和某個人在一起一樣，能見到身在遙遠異國的人，也能跨越時間限制去傾聽前人的故事。我個人比較喜歡讀精神科醫生史考特．派克和文學家C．S．路易斯（C. S. Lewis）的作品，雖然現在他們已不在人世，無法見上一面，但每次讀他們的文章，我都感覺彷彿他們親自在我面前講述自己的故事。這種經歷不僅讓獨自一人的孤獨感減輕，了解各種人物的生活與故事也對開闊眼界、自我成長有很大的幫助。

重點處方

人會在關係中感受到安全感。當關係出現問題或被獨自落下時，我們會經歷憂鬱與不安等負面情緒。因此，為了不被孤立，建議先建立好周邊的關係網，透過書籍或藝術作品等增加間接經驗。

6 簡單的事，做起來更累

工作記憶與思考

我在診間經常聽辭職的人談論他們的苦衷。雖然還是有人很適合照顧孩子、做家務，但也有許多人表示在家工作更辛苦。全職家庭主婦的生活之所以辛苦有很多原因，其中一個原因就是做家務時想法會變多。

因為公司很遠而需要長途開車通勤人，也會對我訴說相似的困難。開車上班時，他們會擔心起進公司之後一整天上班的事；下班回家路上，腦袋則充斥著剛才在工作上經歷的不舒服。他們想擺脫想法，試著專心聽收音機裡播放的新聞或音樂，但這並不容易。

要說明為什麼做家務或長途開車通勤時想法會變多，我們必須先了解「工作記憶」（working memory）。

工作記憶與想法的關係

工作記憶是一個認知系統，為了不讓任何資訊或想法消失，工作記憶會讓這些東西暫時保留下來。[28]聽完電話號碼記在便條紙上的時候，我們是用工作記憶來暫時記住號碼的。讀書時記住前面的內容，藉以推斷出下一句的意思，這也需要工作記憶。然而工作記憶的容量有限，超過七位數電話號碼很難記住，是因為這個長度超過了工作記憶的容量。有些書過於複雜且要記的內容較多，讀起來不容易，也是因為工作記憶容量的關係。

當我們在做某件事時，大部分的工作記憶都會拿來做那件事。比如為了和朋友們對話，我們要記住剛剛朋友說過的話。然而像是做家務、開車等已經反覆過無數次的簡單工作，身體已經會自動進行，所以並不需要使用太多工作記憶。此時，工作記憶就會被拿來用在維持大腦某個特定想法上。這時候出現過一次的想法就不會輕易從腦袋中消散，這個想法會因為工作記憶而長時間滯留在腦中，因此引起我們的注意，且更容易反覆。

如何不在做簡單工作時深陷思考？

做簡單的工作時，為了減少想法，我們要降低工作記憶的餘裕。雖然很多方法都有助於減少工作記憶的餘裕，但我要先建議大家去跟其他人一起工作，不要自己工作。在一起工作時聊起各式各樣的事，這樣就能避免陷入思考並完成工作。無論是把能一起做的家務延後，等著跟配偶一起做，或者是嘗試找人共乘，這些方法都能避免我們陷入思考。

當然，簡單的事不能總是和別人一起做，這時聽聽有興趣的講座或平時想聽的有聲書也可以當作替代方案。

如果上述方式都很難以實踐，那麼最後一種方法是——在腦袋充滿不願意思考的想法之前就先定下一個思考的題目，然後邊做事邊想。你可以定下特定的主題，例如：「想想今天我把什麼事做得很棒」或「下個月的旅行計畫」等。雖然中途有可能會跑出你不想思考的負面想法，但只要重新回來思考訂定的主題，我們就能擺脫負面想法。

重點處方

相較於複雜的事，做單純的事時會讓人產生更多想法，因為重複熟悉的事情時工作記憶的用量較少，工作記憶就會轉而用於維持想法上。做非常簡單的工作時，積極地讓自己沉浸於自身關心的事，或事先定好要思考的主題，這些都是很好的方法。

第 4 章

思考簡單，行動迅速

擺脫思考惡性循環的十種技巧

如果陷入思考泥淖，我們就需要足以擺脫這種泥淖的戰略與技術。有效的思考技巧能防止我們陷入思考惡性循環，保護我們免受憂鬱與焦慮的影響，而且會讓我們更加專注於當下該做的事，更接近幸福。本章介紹了十項讓人不陷進思考惡性循環並能有效思考的技術。

1 覺察！抓住陷入思考的瞬間

檢視自我想法的後設覺察

要擺脫想法，能覺察到自己陷入思考的瞬間是很重要的。在診間對病患說明時，我會把陷進思考中比喻為陷入泥淖。就好比深陷泥淖難以逃脫那樣，越深陷思考就越難逃離。重要的是要覺察到自己一隻腳陷進思考泥淖的瞬間，並且立即脫身。

判斷是否陷入思考的認知功能被稱為「後設覺察」（meta-awareness），後設覺察是指「知道自身想法」，也被稱為後設意識（meta-consciousness）或後設認知覺察（metacognitive awareness）。最近的後設覺察相關理論把後設覺察定義為「個人週期性地覺察自己當下思考內容的過程」，例如：「我現在一直產生不好的想法，無法專心做事」，或「我一直想起今天發生的壞事，無法擺脫」。後設覺察能力因人而異，也因狀態而異，有些人隨時都在思考自己在想什麼，有些人則是完全不注意自己的想法，就這樣度過一天。此外，在喝醉酒或渴望成癮物質之時，人們也更不常注意自己的想法。[29]

後設覺察？後設認知？

後設覺察不同於被稱為「後設認知」的思考過程。**後設認知是注意到我們傾向於以特定的方式思考**，例如：「我總是會假設最壞的情況」或「我傾向於深思熟慮後再做決定」。《顛峰心智》（*Peak Mind*）的作者阿米希・查（Amishi Jha）表示，後設認知與後設覺察不同，後設認知也不能代替後設覺察。**因為知道自己有以特定方式思考的傾向，並不代表就能在出現問題時產生自覺。**

透過後設覺察了解自身想法之所以重要，是因為透過後設覺察可以區分一個人是否陷入思考，如此一來，陷進思考的那一刻我們便能採取擺脫思考的措施。舉例來說，在讀書時定期確認自己在想什麼，就能分辨出自己是專心在讀書還是陷入了其他想法。確認自己在想什麼，能讓你發現陷進思考的那一刻；反之，若想了解自己是否陷進思考中，確認自己在想什麼是基本做法。

透過後設覺察，我們能發現自己陷入思考的瞬間，判斷自己是否陷進思考之中，如此一來就不會深陷思考，並能把更多注意放在需要做的事情上。就算是本來經常陷進思考的人，甚或沒意識到自己陷入思考的人，也能透過後設覺察發現自己有容易陷入思考的傾向、了解自己會在什麼情況下陷入思考，以及怎麼樣的想法會讓自己陷入思考。

此外，有各式各樣的方法能改善陷入思考的習慣，想要判斷各種努力是否有效，專注於自身的想法也很重要。擺脫思考的方式有很多種，對每個人有效的方法也各有不同。因此，想要了解哪種方法適合自己、哪些對自己有效，也需要後設覺察。A方法對某些人來說有效，B方法也許對其他人有效——但盲目地遵循別人的好方法，有時只會效率低下、浪費時間。

雖然後設覺察也許聽起來感覺像是個專業、困難的技術，但它實則不難，可以簡單地進行。**無論是誰，只要問自己一個問題就行了，那就是：「我現在在想什麼？」**

在想著這個問題的那一刻，我們就能利用後設覺察能力，知道自己現在在想什麼，了解自己是否陷入思考。如果能隨時回答此問題，無論是誰、在何時、何地，都能利用後設覺察知道自己在想什麼。

意識到自身想法不僅是學會察覺並擺脫思考狀態的必要動作，同時這種意識本身也是擺脫思考的有效辦法。當大腦陷入思考時，我們會沒辦法確定自己同時在想什麼；而在陷進思考的狀態下檢視自身想法這個行為，就像在深陷泥淖的狀態下確認身上沾了什麼東西一樣。在深陷泥淖的狀態下，我們看不到自己的身體，因此無法確認身體的狀態和身上沾了什麼，只有從泥淖中脫身後，才能確認衣服上沾了什麼東西。

因此，為了知道自己在想什麼，我們必須暫時擺脫思考，因為在陷入思考的情況下，是無法知道自己在想什麼的。這部分也跟我們大腦有限的工作記憶容量有關（請參考第一三五頁）。由於工作記憶的總量有限，所以進行多個認知工作時，大腦得選擇在何處使用工作記憶。當我們開始進行後設覺察，工作記憶主要就會被用在後設覺察上，光靠剩餘的工作記憶容量是無法重複思考的，所以我們就會停止思考。換言之，**思考自己在想什麼，這種行為本身就是一種擺脫思考的有效方法**。

我經常在容易陷入思考的時刻運用後設覺察。身體疲累或洗澡時，我會監測自己在注意什麼地方，以及是否陷入思考。若想擺脫思考，這個做法比任何方法都有效。

有空時也檢視一下自己在想什麼吧！如果不熟悉後設覺察，也可以用對自己提問的方式進行。反覆後設覺察，我們就能分辨自己什麼時候逐步陷入思考，而什麼時候又埋首於該做的事，而且還能知道自己主要會在何時陷入思考的泥潭。

重點處方

想法很多或經常陷入思考的人，請利用後設覺察隨時確認自己在想什麼吧！透過了解自身想法，可以摸索出擺脫不必要想法或消極想法的方法。而且只要經常思考自己在想什麼，反覆思考的情況就會明顯減少。

2 如果想法太多，你就動一動

切換成計畫動作的大腦

靜靜待著時想法會變多，身體活動時想法則會變少。當我們身體無力、很難做什麼的時候，就算身體沒動，我們的大腦仍在工作。因此，靜靜地待著反而會讓人產生更多想法，容易陷入思考。據悉，什麼都不做時，被啟動的預設模式網路與反芻思考有很深的關係。[30]當我們什麼都不做，讓人陷入思考的大腦部位就會更加活躍（請參考第二七頁）。

反之，如果我們活動身體，想法就會減少。就算我們陷入各式各樣的想法，只要四肢動起來，我們的注意力就會轉為煩惱該如何移動身體，於是自然就能擺脫思考。我們的大腦是重視效率的器官，因此當下最需要的神經細胞群會被活化，不必要的神經細胞則會被抑制。身體活動時，大腦會活化移動所需的神經細胞，同時抑制非必要神經細胞的活性。身體移動時，初級運動皮層、前運動區、運動輔助區、後頂葉皮層等會聯合起來，規劃並實施移動身體的計畫。隨著這些大腦區域的活躍，讓人深陷思考的預設模式網路等大腦區域就自然被抑制下來，反覆的想法也就停止了。簡單來說，單靠身體活動我們就能擺脫思考。

活動身體是特效藥

在我住院醫師時期，有位年輕男性因嚴重的強迫症住院治療。患者腦中反覆產生他不想思考的事，因此感到不安與痛苦。儘管已經使用了所有可用的藥物，但他的強迫症症狀絲毫沒有改善，二十一世紀的醫學知識與技術對這位患者沒有多大的幫助。當時主治他的教授勸他有空時要運動消磨時間，從此以後這位患者大部分時間都在病房的跑步機上度過。當時，我很懷疑這個方法是否真的有用，然而令人驚訝的是，患者的症狀逐漸好轉，不久後就能出院了。接受藥物治療都沒有效果的患者透過走路、跑步、身體活動後有所好轉——也許是因為當時實在太驚訝，那位患者在跑步機上跑步的樣子至今我還歷歷在目。這並不代表運動治療比藥物治療更好，但至少對這位患者而言，活動身體比藥物治療更有效，讓他擺脫了重複的強迫性思考。

瑞士巴塞爾大學（Universität Basel）曾以實際住院的一百二十九位患者為對象進行過研究，他們讓患者進行四十～六十分鐘的運動後，藉由自我檢視的方式確認運動前後反覆思考的程度。結果顯示，**運動減少了反覆性的思考，相較於只運動一次，再次運動後反覆性思考又減少更多**。巴塞爾大學的研究團隊表示，運動減少想法的機制與工作記憶有關，因為運動需要工作記憶，因此在運動的過程中，用於反覆思考的工作記憶容量減少，反覆性思考也就減少了。[31]

實際見過許多患者後，我發現活動身體和運動改善了各種精神症狀。有時我會在面談時讓患者回顧這輩子心情最穩定的時候，很多人表示，在某些雖有一定壓力卻堅持規律運動的時期裡，他們的心情比沒壓力時期更加穩定。

我也經常看到因憂鬱症或焦慮而接受藥物治療的人，在藥物治療與運動並行時症狀好轉得更快。雪梨大學（The University of Sydney）研究團隊以確診創傷後壓力症候群（posttraumatic stress disorder, PTSD）的患者為研究對象，探討在病患現有醫學治療基礎上加入規律運動，症狀是否會好轉。研究團隊把八十一位創傷後壓力症候群患者分成兩組，一組進行一般藥物治療和心理治療，另一組除了藥物治療與心理治療外，每週還會進行三次三十分鐘的阻力訓練，並用計步器輔助，進行步行計畫。十二週後，相較於只接受一般治療的組別，一般治療與運動並行的組別創傷後壓力症候群症狀減輕的情況更為顯著。[32]

只要動一動身體，想法就會變正向

我們通常認為想法是先行於行動的，但大腦有個特性是，一起被活化的部位，彼此間的連結會強化；而連結強的大腦部位，也會有一起被活化的傾向。換句話說，**當引發主動思考的大腦部位和讓身體活動的大腦部位一起被活化，彼此間的連結也會被強化**。就如同思考會引發行動一樣，行動引發思考也是有可能的。表現出類似傾向的是行動和情緒之間的關係，我們通常認為情緒會誘發行為，但心理學家卻表示：行為會引發情緒。心理學家李察．韋斯曼（Richard Wiseman）在《怪咖心理學之鍛鍊正能量思維，用科學方法讓好事成真》（*Rip It Up*）中表示，就好比感受到好心情，相較於透過幸福的想法，行動能更快速、有效地提高幸福感。就如同行動會影響情緒一樣，行動也會影響思考。

考慮到行動會影響思考與情緒的事實，我們必須想想，要以怎樣的姿態、怎樣的行動來思考比較好。若是無力地躺在床上陷入思考，就很有可能產生消極被動的想法；反之，若是充滿活力與自信地邊走邊思考，那就很有可能產生正面且自信的想法。如果是為了徹底分析與應對危險情況而思考，那充滿活力的行動就不太好，這樣反而可能無法客觀評估危險；然而如果是在思考對自己的想法、回顧生活或在需要勇氣的情況下，邊活動身體邊思考則會產生正面的效果。

我也經常在日常生活中體驗到邊活動邊思考的正面效果。結束一整天的診療後，我往往都會感到身心疲憊，這時，走路或搭乘大眾運輸回家，我的想法就大不相同。邊走邊回想過去一整天，我會產生很多正面想法，想到自己就算疲憊也都堅持下來、想到因治療而好轉的患者、思考等一下回家要寫什麼內容等等，都是正面積極的想法。與之相反地，如果我是靜靜地站在公車或地鐵上思考，就會想起自己的疲憊，以及「今天整天都好累啊」、「明天也會很累耶」等負面想法。

當然，活動身體並不一定就能引發正面想法。患者們曾表示，嚴重憂鬱時他們連走路都會產生不好的想法。而且當無力的狀態很嚴重時，運動本身就會讓人感到有壓力且疲憊，所以有時候運動後反而會變憂鬱。如果就算活動身體，腦海裡還是充滿負面想法，那可能是病情較重，這種情況建議找專家做諮詢與治療。

重點處方

若深陷沉思無法自拔，那就先活動身體吧！輕鬆的散步也好，在家裡活動身體也好，只要動一動身子，就有可能擺脫束縛自己的想法。如果想法太多，因想法多而憂鬱、焦慮，建議有規律地持續運動。運動能減少我們的想法，憂鬱與焦慮也會因此得到改善。

3 空間，也有情緒

換個地方轉換思考

有些患者平時都沒事，一回到家卻會產生負面想法，並且變得憂鬱。問起在其他地方還好嗎？他就會說工作時或跟朋友見面時完全不會憂鬱。以這種情況來說，「家」這個場域就成為讓人產生負面想法的因素了。

有些人是一上班就會擔心起來，他們在家時沒事，週末也過得很舒適，但只要一進公司，就會擔心自己是否會在工作時犯錯、擔心別人是否不看好自己，因此感到不安。這種情況下，「公司」這個場所，就是引起不安的因素。就像這樣，我們會根據場所而反覆產生特定的想法。

研究證實，場所會影響想法。美國的聖母大學（University of Notre Dame）研究團隊曾做過一個關於「換位效應」（location updating effect）的研究——換位效應指的是人從一處移動到另一處時，記憶力會降低。他們發現如果人們在房間裡記住了一件事，越過門檻後就可能會忘記剛才記得的內容，但重新回到房間後又想起來。[33]像這樣，**場所對我們的心情、想法、記憶等部分，會產生重要的影響。**

換個地方轉換思考

若有會在特定場所反覆出現的想法，只要身在該場所，那些想法就很容易再次浮現出來。如果平常在家中反覆思考自己負面的部分或生活的煩惱，那麼每當必須在家好好休息時，這種想法就會占據我們的腦海，讓人陷入憂鬱與焦慮等負面情緒，無法好好休息。

家是我們消磨很多時間和休息的地方，所以並不適合在「家」這個場所思考負面的想法。如果一定要的話，建議離開家裡或在家以外的地方做這件事，走出家門散步或去有人在的咖啡廳也是一種方法。如果是在公司裡反覆出現焦慮的想法，暫時離開自己的位置去透透氣再進來也是一種方法。當然，就算暫時離開家裡或公司，我們也還是必須重新回去，但至少在充滿負面想法、很難擺脫負面想法的情況下，暫時離開原地能夠讓你轉換思考。

如果沒辦法換一個地方，改變環境也是一個替代方案。藉由改變主要生活的房間或佈置不同的傢俱，就能達到類似換一個地方的效果。

如果因重複性思考而感到嚴重的憂鬱和焦慮，去旅行也會有所幫助，旅行是擺脫重複性思考的有效方法。身處異國他鄉，人在不知不覺間就會擺脫折磨自己的負面想法，想到以前不曾產生的正面想法。

我想起一位藉由旅行轉換思考而實際讓憂鬱情況大幅好轉的人。他在退休後有近半年的時間一直沉浸在充滿憂鬱與無力感的想法之中，在如此情況下，他下定決心要去走一趟聖雅各的朝聖之路，於是買了機票。出發前幾週他的腿受傷了，他很擔心到底要不要去，最終期待與擔心參半地出發了。

幸運的是，我的這位病患順利完成了朝聖之路的行程，這件事對他症狀的改善也產生了很大的幫助。本來引發憂鬱與無力的想法變模糊了，取而代之的是正面且讓人有力量的想法。回來時，他變得跟朝聖之旅之前的自己完全不一樣。之後他表示，這是一段非常美好的時間，很可惜自己沒有早點出發。就像這樣，場所的變化對擺脫重複性思考和情緒是非常有效的。

正面思考帶給人的銘印效應

只要在特定場所週期性地反覆思考正面想法，將來在那個場所就能體驗到正面的效果。為了如此，我們必須在每次抵達那個場所時思考正面的想法，或者週期性地反覆思考正面想法。

舉例來說，若你每次回到家都說：「今天我表現得真好，雖然還是有一些艱困的時刻，但我都挺過來了，我之後也能表現得很好。」習慣性地這樣回想，久之，以後每次回家，你都會產生這樣的想法，帶給自己力量。

若在職場上因擔心而感到焦慮，建議每次進辦公室時都這樣想：「無論發生什麼事，只要冷靜觀察就能找到解決辦法。我絕對辦得到，到目前為止我都表現得很好。」除了思考對自身的正向想法，重溫給人帶來力量的名言佳句、經典句子等也都是有效的方法。

重點處方

我們生活的空間會影響思考和情緒，改變地點能讓人有效擺脫重複性思考和情緒。而且在自己長時間生活的場所反覆思考具正面能量的想法，還能讓自己的生活變正向。

4 與其自己想，不如一起想

擺脫確認偏誤

我在診間經常聽到這種話：「上次接受諮詢後，心裡好受多了。」、「聊著聊著，我好像知道問題出在哪了。」、「說著說著，我的想法就整理清楚了。」精神治療會透過各種諮商技巧改善患者的症狀，但有時光只是聽患者講講話，患者的症狀就會改善了。日常生活中也經常發生類似的情況，對朋友講述自身苦惱時，儘管朋友沒提出任何建議，但自己在不知不覺間就看到了解決問題的辦法。神奇的是，和他人交流想法時，我們會看到獨自思考時看不見的部分，也能把腦中複雜的想法整理清楚。

醫生治不了自己的病，我也有不安與擔心的時候，這種時候跟和我一起接受精神科訓練的同學聊天，對我來說很有幫助。我會跟同學談論各種問題，話題從辭去從事多年的教學醫院職務，到如何養育子女、如何治療難治患者等等。每次我都會發現自己先前沒想到過的地方，煩惱的重點也變得更加明確。

當然，這不是一開始就能辦到的。我也曾經擔心聊這些話會不會很奇怪、大家會不會覺得是我不好、他們會不會隨便跟別人說我的事。然而隨著我們之間的關係變得深刻，彼此更加信任，就逐漸成為能分享想法和苦惱的關係了。和他人分享想法後感覺有所幫助——經歷過好幾次這樣的體驗後，之後只要有煩惱我就會毫不猶豫地跟同學討論。

我們會藉由與他人交談來調整自身想法。向他人傳遞想法的過程中，我們既是表達想法的主體，也是聽取想法的客體。在這樣的過程中，我們能藉此確定自己的想法是否有邏輯上的錯誤、是否過於偏向某一邊、理由是否薄弱。舉例來說，認為生活沒有希望的人，為了跟別人陳述這個觀點，他們應該就要具體說明為什麼生活沒有希望。說明時，他們會發現自己籠統地推測：「最近經常發生不好的事，所以以後也會這樣。」或是發現自己太急躁斷言：「因為現在落於人後，所以未來也會如此。」

用語言傳達想法的過程除了能幫助我們發現想法中的問題點，還有助於整理想法。大家應該都有過這樣的經驗，在和他人對話途中想法就整理好了，原本複雜的念頭在對話時變得明確，並在說話的時候就定好了框架。

許多患者第一次進入診間時，都會毫無頭緒地講述自己的症狀，但診療要結束前，他們看起來已經知道自己是因為什麼原因、從什麼時候開始出現症狀，也知道現在讓自己產生很大障礙的是什麼狀況。模糊、不具體對象所帶來的痛苦比明確對象所帶來的痛苦更劇烈，因此有時諮商本身就具有治療效果。**如此向他人傳達想法，可以修正想法、整理複雜的思緒，讓想法更明確。**

另外，如果是跟別人一起思考，而不是自己一個人想的話，我們就有可能發現並改正錯誤、極端、偏頗的想法。有個心理學術語叫確認偏誤（confirmation bias），英國心理學家彼得・華生（Peter Wason）於一九六〇年提出這個概念表示：人類更喜歡能支持自身信念或價值的資訊。**自己獨自思考時，這種確認偏誤會更強。只收集符合自身想法的資訊，忽視不符合自身想法的資訊，想法自然就更狹隘了。**舉例來說，有人認為：「為了要幸福，錢是最重要的。」他們看到因經濟富足而幸福的人、因經濟困難而不幸的人，然後就更加肯定自己的想法。反之，就算看到手頭充裕卻憂鬱、不安的人，或看到有財務困難卻過得很幸福的人，或許他們也不會承認自己的想法有誤。

在跟他人溝通和交流想法的過程中，我們會發現自己的想法有錯誤與觀點狹隘的部分，如果藉此虛心接受自身想法的問題與狹隘性，我們的思考就能更進一步。

培養後設覺察的溝通力

與他人溝通有助於發現後設認知信念，培養後設覺察能力。某些人也許會覺得了解後設認知信念跟後設覺察有點困難，但若是有別人的幫助，這一切就會變得容易很多。每個人都懷著各式各樣的信念生活，有些信念從小就自然形成，甚至在不曉得自己有哪些信念的情況下，我們的想法與思考早就被影響了。

要發現這點，我們必須客觀、冷靜地分析自身想法，但這並不簡單。和別人談論自己反覆的想法與擔心，有助於發現自己的後設認知信念。

別人給的反應也有助於培養後設覺察能力。透過「你在想別的事情吧」、「這些話你說過好幾次了」、「這好像太負面了吧」等反應，我們能看得出自己是否無法專注於當下的事情而陷入其他想法中、是否有反覆思考特定的想法、是否沉浸於負面思考。我們經常不知道自己是否陷入思考，因此這些反應對於培養後設覺察能力有很大的幫助。

說到要一起思考，也有些人是對我們沒有幫助的。首先是只想指責他人想法的人。這種人對於整理、打磨自身想法和理解他人想法都不感興趣，對他們而言，溝通的目的只是藉由貶低他人來感受優越感。和這種人溝通只會受傷，對我們沒有任何的幫助。

其次是固執己見的人。他們不聽別人的話，目的只是把自身想法灌輸給別人，若別人的想法與自身想法相反，他們就會感到不悅或生氣。如果不單方面接受這種人的想法，關係就很難維持下去，因此也要盡量避開這種人。

最後是沒有主見的人。為維持關係，他們接受他人的想法，卻不會說出自己的想法。這些人也許看起來很善良，卻是很被動的。和這種人對話，我們也許會看起來很厲害，但卻很難得到適當的反應與建議，這對於提升自身想法與思考也沒有幫助。

如果有人不同於以上的這些人，他傾聽別人說話，必要時直言不諱地提出建議，那就一定要把他留在身邊，和他維持寶貴的關係。對成長和發展而言，這種關係是最厲害的資產。

重點處方

和他人溝通能修正狹隘的想法，讓複雜的思考變明確。而且透過他人的幫助，我們能發現後設認知信念、培養後設覺察能力，從而擺脫重複性思考，專注於當下。

5 「愉快」是最好的工具

享受興趣

某天在診療過程中，我聽到候診室傳來一陣大叫。毫無計畫就直接跑來醫院看診的病患無法馬上接受治療，於是開始無理取鬧。由於無法輕易讓病患平靜下來，最後還必須叫警察。這次的經驗令我非常慌張、煩惱不已，心想以後是否會再次發生這種事，以及發生時該如何應對。連回到家後都無法安心休息，需要採取特別措施。當晚我挖出了一台深埋角落多年不見光的遊戲機。

從事與興趣相關的活動時，大腦的功能會完全專注在活動上。此時，我們重複思考的大腦部位功能下降，充斥大腦的想法也就隨之消失。

有一項有趣的研究結果顯示，週期性從事興趣活動能減少重複性的思考。德國漢堡埃本多夫大學（University Medical Center Hamburg-Eppendorf）研究團隊曾以六十八位憂鬱症患者為研究對象，讓受試者在六週內週期性地遊玩電腦遊戲，確認他們重複性思考的程度是否減少。那些平均每週玩三．八次遊戲的患者，與沒有採取特別措施的患者相比，其反覆思考程度減少了。關於此研究結果，研究團隊解釋道：「電腦遊戲提高了人的執行力（executive function），因此玩電動玩具有減少反芻思考的效果。」[34]

興趣活動還能讓我們疲憊的身心恢復。如果長時間工作或是下班後無法擺脫與工作相關的思考，我們就會感到身心疲憊。芬蘭研究團隊以兩千九百六十位上班族為研究對象，研究了長時間工作是否會引發憂鬱與焦慮症狀。他們比較每週工作五十五小時以上的上班族，以及每週工作三十五到四十小時的上班族，發現長工時增加了六六％憂鬱症狀發生的可能性，也增加了七四％焦慮症狀發生的可能性。和男性相比，女性因長工時而引發憂鬱與焦慮症狀的可能性更高。每週長時間工作五十五小時以上的女性，出現憂鬱症狀的可能性提高了一六七％，發生焦慮症狀的可能性則提高了一八四％。[35]

日本某研究團隊以一萬五千兩百七十七位男性為研究對象，針對長工時對心肌梗塞、腦中風的影響，進行了二十年的追蹤觀察與研究。結果顯示，與每天工作七～九小時的男性相比，每天工作十一小時以上的男性，心肌梗塞的發病率高出了六三%；而研究顯示，腦中風與工作時間沒有太大的關係。長工時對心肌梗塞的影響尤其在上班族和五十多歲男性身上明顯體現，長工時的上班族心肌梗塞的危險性提高了一一一%，而長工時的五十多歲男性心肌梗塞的危險性則提高了一六〇%。[36]

如果在下班後對工作或職場中的人際關係感到苦惱，這種情況就等同於下班後也在工作一樣。工作結束後，我們需要擺脫工作徹底休息，此時就需要興趣。興趣讓我們專注於除了工作外自己喜歡的事，藉此擺脫對工作的想法、放鬆工作期間緊繃的身心，從事興趣活動的時間是一段為明天補充能量的時間。

健康地享受主動式的興趣愛好

那麼，怎樣的興趣愛好是有幫助的呢？對此，米哈里．契克森米哈伊在《心流》

（*Flow*）中介紹了自己所做的研究。他發了呼叫器和問卷給研究對象，並用無線發送裝置在一週內每天隨機發送八次信號。每當呼叫器響起，這些受試者就會記錄自己正在做的事情，並從「非常幸福」到「非常悲傷」等選項中選擇出能適切表達自身狀態的情緒。結果顯示，相較於物質型的昂貴休閒活動，從事不昂貴的休閒活動更幸福。米哈里・契克森米哈伊解釋道：**「某些事情不用花費外在資源，但對精神能量的需求相對較高，從事此類型活動會讓我們更加幸福。」**

其他心理學研究顯示，會使用到肉體或精神的主動式興趣愛好，比看電視等被動興趣愛好更能讓我們專心致志，也能帶給我們更強的滿足感。考量到這點，相較於一定要花很多錢的愛好，最好是持續從事必須主動運用身體的愛好活動或自己感興趣且能讓人專注的愛好活動。

不過，就算對精神健康有益，我們也不能一味沉迷於興趣愛好之中。如果從事興趣愛好的理由不是為了獲得快樂，而是為了迴避該做的事情，如此一來，興趣愛好不會帶來幸福，反而只會推遲該做的事，讓人逃避必須解決的問題。有時可能很難明確分辨我們究竟是擁有適當的興趣愛好，還是沉迷於興趣愛好中。不過，如果興趣愛好的作用並不是為順利達成目標所做的休息，而是妨礙自我實現目標的話，那就應該被視為沉迷。因此，我們必須檢視一下興趣愛好是為了真正享受生活？還是為了迴避該做的事？

重點處方

興趣愛好是擺脫反覆思考的有效方法，它能幫助我們擺脫與工作有關的思考、緩解緊張，讓因長時間工作而疲憊的身心恢復。

6 筆記！防止不必要的重複性思考

降低憂鬱和焦慮的記錄習慣

我們的思想既快速又自由，如果把精力放在了別的地方，不知不覺間就會忘記或放掉。相信大家都有過幾次這樣的經驗，想做某事卻因為做其他事情而不小心忘掉了。年初下定決心制定的計畫，隨時間流逝，有時也會不知不覺被遺忘。為了彌補這種思考上的侷限，人類從很久以前就開始記錄了。

人類藉由記錄來建立並發展文明，現代社會也透過無數次的記錄不斷變化與發展。最近不只有線下的記錄方式，我們還會透過網路文章、照片、影片等記錄想法，彼此交流。好好利用記錄就能擺脫負面想法，進而擺脫憂鬱與不安。

首先，記錄能避免不必要的重複性思考。仔細觀察我們想法流動的方式，就會發現其中反覆的模式。舉例來說，如果在職場中被上司尖銳的話語傷害過，就算之後上司的話語與行動是沒什麼意圖的，我們還是會想起以前受過的傷。接著腦中就會充滿各式各樣的想法，覺得：「當時為什麼他要對我這樣說話？為什麼他要這樣對我？以後會不會又發生同樣的事？如果發生了我該如何應對？」每次想起過去受的傷，我們的大腦就會反覆出現這種接二連三的思考模式。

此時能減少重複性思考並阻止自己這種接二連三思考模式的方法就是記錄。**把反覆思考的模式整理並記錄下來，是在決定重要且有意義的想法，然後整理掉不必要的想法。**也許上司是因為不喜歡我所做的某件事而感到生氣，但他不應該無視我這個獨立的個體，而且也不是因為自己沒出息或不夠好才受到如此對待的。排除掉腦中誇張、錯誤的想法，把明確事實整理好並記錄下來，如此一來，清晰且有意義的想法就會留在腦中，模糊且誇張的想法就會被整理掉，減少不必要的重複性思維。

記錄能降低憂鬱和焦慮

美國國家創傷後壓力症中心（National Center for PTSD）的研究團隊以六十九位

大學生為研究對象，研究把痛苦時所感受到的情緒化作文字是否能減少重複性負面想法。研究團隊將研究對象分成兩組，一組讓他們寫「有表現性的文章」；另一組則把當天發生的事寫成日記。寫具表現性文章的人要記錄下讓自己壓力最大或產生心理創傷的事件，並盡量把當時體會到的情緒或感覺寫下來，而且還要記錄該事件對生活產生的影響。每天要寫二十分鐘，連續寫三天，並在寫作前與寫作的二、四、六個月後，檢測憂鬱和焦慮症狀。結果顯示，**對於比較容易反覆思考的學生而言，寫具表現性的文章，憂鬱與焦慮症狀大幅降低**。因為具表現性的文章會促人面對負面想法與情緒，然後去尋求解決方法，最終能幫助我們更有效處理憂鬱和焦慮等負面情緒。[37]

有很多負面想法並感到憂鬱、焦慮的人，也經常出現漸漸開始逃避與他人關係且被社會孤立的情況。社會性孤立阻斷了能從周遭獲得的安慰與共鳴，讓憂鬱與焦慮狀況惡化。然而，**如果我們把自己的想法或情緒記錄下來，就會產生想跟周邊人說話的欲望，也讓我們能更容易、更自在地跟身邊的人分享自身想法或情緒**。這個方法能促進我們與協助者間的關係，對於擺脫想法、克服憂鬱與焦慮幫助很大。

最後，記錄連結了現在的自己和未來的自己。疲憊的時候，憂鬱、焦慮的時候，對自己最有幫助的人是誰呢？雖然家人和朋友都對自己有幫助，然而對自己最有幫助的人還是自己。

如果病患回饋說自己變得比以前更好了，我就會建議患者一定要把對自己有幫助的事記錄下來。**過去辛苦時曾對自己有幫助的方法，在未來辛苦時也會有幫助**。有很多方法能戰勝憂鬱與焦慮，然而我們不能保證那些方法對自己也有效。因此，症狀好轉時，我們應該把對自己有幫助的方法記錄下來，以便往後遇到困難時拿出來看。藉由這樣的記錄，我們能告訴未來的自己該用什麼方法戰勝辛苦、克服困難。

重點處方

若要防止重複性思考、戰勝憂鬱與焦慮，記錄是最有效的工具。我建議大家從今天開始養成記錄的習慣，即便只是簡單的記錄也行。

7

思考目標明確化

思考的里程碑

參加過毫無頭緒的會議嗎？與會的人只忙著說自己在意的內容，會議時間越長，大家的專注力就越差，會議的方向偏得越來越遠。參加這種會議讓人既無聊又痛苦，會議結束後，整個人都沒力了，什麼事情也做不了。這種會議的特性就是「目標不明確」。

我們的想法也一樣。如果目標不明確，各式各樣的想法就會經常閃過腦海，引起負面情緒的想法也會時常反覆出現。今天讓人心情不悅的主管、推遲的家務、這個月要繳的信用卡費等，光是想到這些事就讓人感到勞累與疲憊。本以為自己在休息，卻讓人像參加過一場毫無頭緒的長時會議一樣疲勞。反之，在想法變多的情況下，明確的思考目標會讓思考時間變得有意義，減少因思考而產生的疲勞。**把思考目標明確**

化，我們就能專注在必要的想法上，減少負面與反覆的想法。

我們大腦的其中一項重要功能就是，區分執行目標所需的刺激與不必要的刺激，注意必要的刺激，忽略其他刺激。在日常生活中，我們的大腦也會接收到各種刺激，不僅有視覺、聽覺、感受等外在刺激，情緒、經驗等內在刺激也會同時進入大腦，而我們的大腦只能選擇性關注符合目標的刺激。正因此，我們能在吵雜環境中與他人對話，可以邊聽音樂邊閱讀或念書。

思考也有刺激的作用，會引發各種情緒與想法。此時，**如果把思考的目標明確化，把意識放在與目標一致的想法上，我們就能自然忽略不必要的想法。**舉例來說，考試結束後我們能把目標定為「稱讚辛苦的自己」。如果制定的目標是如此，我們主要會想到自己當初計畫如何準備考試、熬過困苦的時刻、考試時的專注等等，這些都是我們自認做得很好的地方。而在準備考試時的過錯與疏忽或覺得哪部分很可惜，這些想法因為與目標不一致，自然會流到意識之外。

制定獎勵制度的思考指南

確定思考的目標會讓思考變愉快。當我們的大腦有目標地行動，大腦皮質的獎勵中樞就會被活化，一旦我們被賦予了動機，達成目標就能體驗到快感。同樣地，當思考是有目標的，獎勵中樞就會被活化並分泌多巴胺。**這個機制會影響大腦，讓大腦朝與目標一致的方向思考。當我們想起那些與目標一致的想法，自我獎勵系統就會活躍起來，刺激獎勵機制，於是思考行為本身就會變得很愉快。**

相反地，如果持續毫無目標的想法，大腦就會繼續處理與目標無關或毫無意義的資訊，因而以低效率的方式使用能量。結果便導致多巴胺降低、情緒低落，引起不必要的緊張與疲勞。因此，要想高效率且愉快地思考，我們就要定好目標。

制定目標後再思考，就能降低壓力反應。有時有些事我們就算不喜歡也得思考，例如：發生人際關係衝突時，為了維持關係且明智地應對，我們必須思考。如果腦中浮現與衝突有關的想法，我們就會產生憤怒、不安、無力感等各種負面情緒，還會出現壓力反應。如此一來我們只能被動地對這些想法、情緒和壓力做出反應。

然而，**如果目標是尋找解決衝突的方法，我們就會變成主體，主動思考。僅憑主動思考，我們的情緒反應與壓力反應就會減少。**舉例來說，有時候我們會感到無力與挫折，覺得「我不夠好」、「我的人生怎麼會有這麼多這種人」，但如果我們主動思考，引發這些無力與挫折的負面想法就會減少。

論結果，確定思考目標的方式有助於解決問題。藉由思考去找出解決方案時，我們的大腦不僅覺得自己達成了目標，制定目標並為此付出努力、體驗成就感也會誘發正向的情緒與經驗。

提問引導出有目標的想法

如果不習慣決定思考的目標，建議先對自己提出問題。比如問自己：「這次考試期間我哪個部分做得很好？」這個問題具有指南針的作用，會為思考指引方向。

實際上，有很多偉人都強調了提問的重要性，美國教育哲學家約翰・杜威（John

Dewey）就強調提問是學習與思考的關鍵，並表示：

「**想法主要來自於提問。**」

愛因斯坦也強調在創意思考與智力成長中提問的重要性，並表示：

「**創意的想法，來自天才的提問。**」

好問題有助於拓展思維，針對目標提升思維。問適當的問題能讓我們的思考有效率，且更容易擺脫負面想法。

重點處方

毫無頭緒的想法會誘發負面情緒與壓力，讓我們感到疲憊。如果在思考前先確定目標，我們就能擺脫不必要的想法，進行有效率的思考。如果不習慣定思考目標的話，就提出與目標有關的問題吧！提問能幫我們指出思考方向，也有助於聰明地思考。

8

培養精神之力，別光靠外在刺激

培養精神之力的冥想

憂鬱或焦慮時我們會嘗試用各種方法克服——嘗試運動或吃美食，也可能去一趟旅行。在憂鬱或焦慮不嚴重的狀況下，這些方法的幫助很大，能讓我們的心情變好。然而，像憂鬱症與焦慮症般症狀嚴重時，僅靠這些方法是無法改善的。

在沒有特殊辦法的情況下，有一種既簡單又有效的方法能改善嚴重憂鬱與焦慮，這個方法就是「冥想」。

很多病患表示，受憂鬱症或焦慮症所苦時冥想是很有幫助的。在精神醫學發展之前，冥想被實際運用於精神疾病的治療。最具代表性的印度傳統醫學阿育吠陀就有效利用冥想減少憂鬱與焦慮、謀求精神穩定，數千年來阿育吠陀一直被運用於精神疾病的治療上。

十九世紀以來，隨著科學與專業的發展，醫學開始負責治療精神疾病，但冥想仍舊貢獻很大，讓許多人得以維持良好的精神健康狀態。透過各種醫學研究，我們也發現冥想對改善精神健康是有效的。

我們的腦海中有想法與情緒等各種刺激，冥想讓我們擺脫這些刺激，完全專注於呼吸或感覺刺激上，藉此讓心靈平靜、精神安定。而且冥想能讓我們專注於現在，而不是過去或未來，讓人投入當下必須思考的想法與要做的行動。

為何不需要視覺刺激而需要精神活動

當人想減少腦中想法時，通常靠的都是視覺刺激。大腦對視覺刺激很敏感，處理視覺訊息的「視覺皮質」位於我們大腦的枕葉，而大腦皮質（大腦表面神經細胞的集合，根據部位不同分別負責思考、語言、記憶等大腦重要功能）的三〇%由視覺皮質構成，因此大腦很多部分用於視覺訊息處理上。

視覺訊息比其他感官訊息的處理速度更快，藉此我們能解釋視覺刺激，做出快速的決定。日常生活中，我們的大腦非常關注視覺刺激，會透過視覺訊息迅速理解環境並應對。由於大腦對視覺刺激如此敏感，所以每當我們想擺脫思考時就會運用視覺刺激，例如用智慧型手機看YouTube、Instagram、Netflix，藉此輕鬆快速地擺脫複雜的想法。

然而一關掉手機，視覺刺激就會消失，各種想法又再次浮現腦海。於是再想擺脫負面想法，我們就需要更強烈的視覺刺激，所以便常見到負面想法較多的人沉迷於手機或遊戲中毒。

相反地，冥想倚靠的不是外在刺激，而是藉由精神方面的活動來擺脫思考，就算沒有外在刺激，也能讓人很容易地投入某件事中。大部分的冥想都是閉著眼睛，阻斷視覺刺激的。冥想不是透過外在刺激，而是透過精

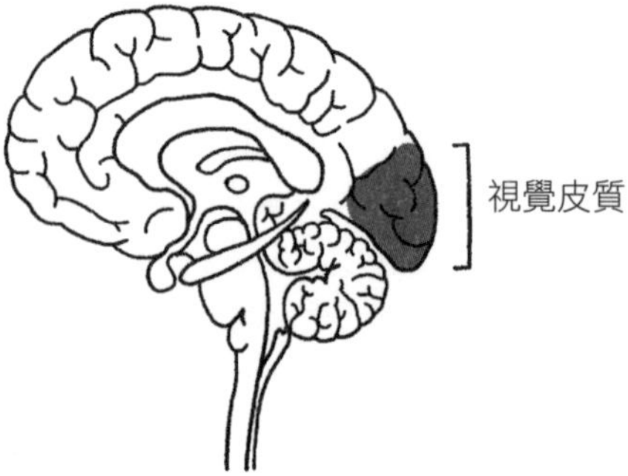

神力量來擺脫不必要的想法，進而投入到精神活動。然而，阻斷視覺刺激會讓腦中浮現各種想法。大家都有過這樣的經驗，躺在床上準備睡覺時，腦中就浮現各種想法，尤其是日常暴露於大量視覺刺激中的人，暴露於越多視覺刺激就越難擺脫閉眼時湧出的想法。雖然冥想一開始很難，但反覆練習後就會越來越習慣，持續冥想的話，最後還能好幾十分鐘、好幾小時完全沉浸於冥想中。

如果是透過冥想脫離思考，這個狀態在冥想結束後也會持續。**冥想是擺脫非必要想法的過程，倚靠的不是外在刺激，而是完全以精神力量為基礎，因此冥想的效果在日常生活中也能持續；這不同於視覺刺激，視覺刺激只要一不見，想法就會浮現。**透過冥想我們能輕鬆擺脫負面想法，讓我們完全專注於日常生活。

多項研究證明，冥想能減少負面想法的反覆。義大利烏迪內大學（University of Udine）的研究團隊把七十五名大學生分成兩組，一組學生要做八週的心靈調節冥想；另一組學生只會閱讀心靈調節冥想相關書籍並進行討論，藉此確認他們在八週後反覆思考的傾向是否減少。結果顯示，做八週心靈調整冥想的組別重複性思考減少了，對未來的正面觀點變多了。[38]

英國艾希特大學（University of Exeter）的研究團隊以六十八位大學生為研究對象，調查了冥想的環境對憂鬱症症狀及反覆思考的影響。結果顯示，所有冥想方法都對減輕憂鬱症狀有效，在大自然中冥想尤其能大幅減少憂鬱想法的反覆。[39]

冥想藉由各種機制減少負面想法。透過反覆冥想，前額葉皮質（覆蓋額葉前部的大腦皮質，能調節注意力）的功能得到強化，從而更容易抑制負面想法。而且冥想有助於減輕壓力、穩定情緒，減少負面的想法。也有研究結果顯示，冥想會誘發狀態穩定的腦波。增加穩定的腦波能讓內心穩定，提高專注力，更容易擺脫負面想法。

重點處方

如果你為了擺脫思考而一直抓著手機不放直到深夜，建議可以定期冥想。用「心靈調節冥想」、「呼吸冥想」等關鍵字在 YouTube 上搜尋影片或在網路上搜尋書籍，就能接觸到有效的冥想方法。一開始也許會覺得很無聊、很辛苦，但只要堅持下去，就能更容易擺脫腦中負面的想法了。

9 日常好習慣，造就好生活

習慣的作用原理

我們的生活是由反覆的日常所組成的。

早上起床會洗臉、吃早飯、準備上班；抵達公司後確認信件、回信、開始工作；工作結束後回家洗漱，最後躺在床上結束一天。這些行為大多不是我們有意識的選擇，而是無意識的習慣。

美國德州農工大學（Texas A&M University）的研究顯示，我們的行為中有四三％是習慣性行為。[40]習慣是就算我們沒有意識也會自動執行的事，習慣讓我們的行動可預測，為日常帶來安全感。習慣對我們生活的影響不止這些，習慣會影響思維、行為、目標和價值，也影響人生的成功與滿意度。古代哲學家亞里斯多德曾這樣說過：

「重複的行為塑造出我們的品德。」

為了讓生活變得更正向，良好的習慣至關重要，我們必須努力把這些習慣融入自己的生活中。某次有個人閱讀了放在診間的心理學相關書籍之後，這樣說：「我也讀過那本書，讀的時候備受安慰，感覺很好。不過就算是如此，我的生活也不會有什麼大變化。」

閱讀時發現喜歡的句子，我們常常會劃線或記錄下來珍藏。剛開始那句話能安慰我們，打動我們的心，但時間一長我們又會回到從前的狀態。只有把從書中獲得的洞察付諸實踐，反覆把它培養成習慣，日常生活才會發生變化。

養成習慣靠的不是意志而是大腦

想養成習慣，重要的是在特定情況下反覆進行固定行為。在習慣的形成中，前額葉皮質和基底核（位於脊椎動物前腦的基底上，被稱為基底核，與其他多個大腦部位相連，負責許多功能，包括運動調節、學習與情感）扮演重要的角色，前額葉皮質與靠意志行使的行為有關。在學習某件事或形成習慣之前所做的行為，都是由前額葉皮質引起的。

在形成習慣之前，我們得透過意志，在特定情況下反覆進行固定的行為。在特定情況下重複固定行為後，基底核就會把它記起來並儲存。習慣形成後，在特定環境或狀況下，基底核便會自動讓行為執行。[41] 習慣一旦形成，就不再需要意志的努力，習慣化的行為會自動執行。如此，當由前額葉皮質主導的意志力舉動在特定情況下反覆發生，基底核就會把這些重複的行為自動化，並形成習慣。

反覆行動時，建立與特定情況的連結然後再重複

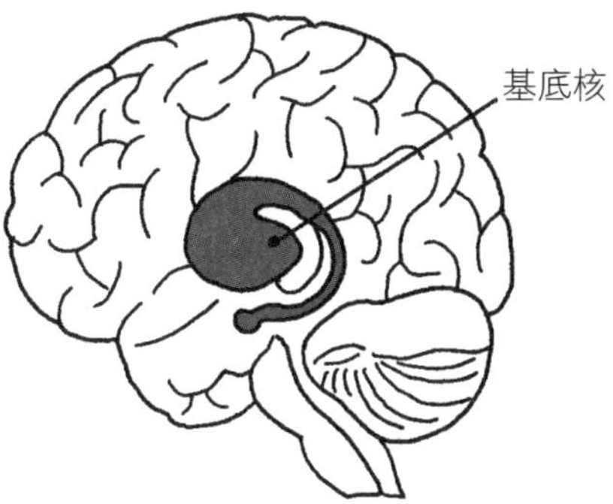

是很重要的。讓習慣形成的大腦基底核要在特定情況和行動連結、建立記憶後，我們才能夠在特定情況下自動行動。重複與情況無關的行動並不會形成習慣。例如：重複地隨時把想法寫成文字是不會養成寫作習慣的；但相反地，反覆地在晚上洗澡之後寫作，這個行為不知不覺間就會演變成習慣，之後就算不想寫作，也會在洗澡後自動開始寫。這種習慣的行為，在爾後也會不斷反覆，同時改變想法、改變生活。

很多偉人或名人實際上都有規律的習慣。托爾斯泰堅持寫了六十年的日記，探索自己的內心世界；海明威每天會寫五百字的文章，培養出作家的能力；村上春樹每天跑步和游泳一小時以上，維持身體與精神上的健康；巴菲特每天讀書積累知識，開發投資戰略；賈伯斯為製造創新產品，對設計與技術相關的事不斷學習與實驗；J．K．羅琳每天定時寫作，創作出《哈利波特》系列作品。規律習慣對他們達成目標並取得成果有很大的作用。

養成習慣所需的最短時間

養成習慣需要多久時間呢？

在英國倫敦大學（University of London）的研究中，研究團隊以九十六位實驗參與者為研究對象，讓他們在十二週間規律地反覆進行特定行為，進而了解該行為多久會成為一種習慣。結果顯示，行為變成習慣所需的時間因行為而異，但一般需要兩個月以上。具體來看，吃東西的行為形成習慣需要六十五天的時間；喝東西的行為則需要五十九天；而運動要形成習慣則要花九十一天。簡單的行為也許能相對快速地成為習慣，但複雜或費力的行為則需要更多時間才能形成一種習慣。[42]

綜合這些研究結果，**養成簡單的習慣需要花兩個月以上的時間，複雜的習慣則需要花三個月以上才能形成**。為了把讓生活變正向的技術或方法實際融入生活，我們要在特定情況下至少反覆幾個月才能養成習慣。

本章我們已經一起學習了各式各樣的方法，包括確認自己在想什麼、動一動身體、換一個地方、把想法寫下來、和他人對話、冥想、確定目標後再思考等，藉此擺脫重複性思考，投入到自己當下的生活。

所謂的習慣是在任何狀態或情況下都會反覆的行為，尤其在困難的時刻，習慣能發揮更強大的力量。習慣並不是單純反覆出現的行為，而是在任何狀態下都會繼續自主執行的一種行為模式。因此，在憂鬱、不安之時，良好的習慣能成為保護我們的有力工具。

重點處方

如果能把目前談過的思考技術變成習慣，那麼在憂鬱不安時，就能利用這些技術找回心靈的安定。因此，為了讓養成的習慣在困難時刻發揮效用，堅持反覆行動是非常重要的。只要靠持續的努力與熱情養成習慣，不管在怎樣的困難中，我們都能維持幸福健康的生活。

10 需要時，請藉助現代醫學的力量

正確的藥物治療

人們因為各式各樣的目的去看精神科。有的人對自己的狀態感到好奇，想知道自己所經歷的症狀是否屬於特定的精神障礙；或者如果確定是精神障礙，他們想知道究竟嚴不嚴重。有的人則是希望能治療好症狀，因為症狀會給人主觀上的痛苦，給日常帶來較嚴重的障礙，他們希望藉由藥物或其他治療讓自己恢復。有些人因身體上的不適而接受醫院診治，後來醫生建議他們也要接受精神科治療。

看精神科時會問診、填自我評估表、做客觀的檢查等，精神科醫生會以此為基礎診斷病患是否有精神障礙。舉例來說，如果遇到因焦慮與心悸而進精神科就診的患者，醫生就要判斷病患是否曾被診斷出憂鬱症與焦慮症，因為憂鬱症與焦慮症經常出現這些症狀。此外，也還要判別是否為其他可能引起該症狀的精神障礙，或是其他像心律不整這類的身體疾病。精神障礙的診斷只靠問診有時很難做出正確的判斷，如果病患對精神疾病有負面偏見，很可能會否認症狀，聲稱自己是正常的。醫生除了問診外，還要綜合觀察患者的表情、語氣、語調以及客觀檢查結果，以判斷對象是否患有精神障礙。精神障礙不像癌症、糖尿病、高血壓等疾病是以特定檢查結果為基礎的，精神障礙的症狀因人而異，所以診斷精神障礙的過程永遠都是壓力極大又富有挑戰性的領域。

在診斷精神障礙時，還要同時判斷其嚴重程度。如果病患因憂鬱症狀而經歷困難，但在其他方面沒有問題的話，那麼這可以算是輕微的憂鬱症。反之，若因憂鬱症狀而痛苦不堪，難以繼續職場生活，人際方面也跟著畏縮了起來，那就屬於嚴重的憂鬱症。同時有自殺事故發生或計畫自殺，會有生命危險的，也屬於嚴重的憂鬱症。

最後我們要評估患者所擁有的治療資源。患者若有能支撐他的家人或朋友，在艱難時刻就會得到別人的同理或鼓勵。經濟與時間方面的寬裕程度也很重要。有些人有充分時間與餘裕去享受閒暇時光，有些人卻得為了工作、育兒、家務、撫養家人而耗費掉大部分的時間與精力。醫生會綜合上述各種評估所獲得的資訊，再決定該建議患者進行怎樣的治療。對於非精神障礙、有輕微精神障礙症狀或治療資源豐富的患者，醫生能保留藥物治療，並積極採取有助於症狀好轉的行動，觀察症狀變化；相反地，精神障礙症狀嚴重或治療資源不足的情況下，就會建議患者積極接受藥物治療。

恰當且正確的藥物治療

至今仍有許多人對藥物治療持負面的態度。不曾接受精神科治療，就容易擔心藥物的副作用或藥物依賴。越是相信自身能力或意志的人，就特別容易擔心依靠自己以外的事物會出問題，所以會對服用藥物這件事很警惕。

如果是依照專業人士的意見服藥的話，治療憂鬱症、焦慮症的抗憂鬱藥是沒有藥物依賴性的。對藥物的依賴是在藥越吃藥效越差的「耐藥性」（tolerance）出現時，或在停藥時伴隨著「戒斷現象」而產生的，但抗憂鬱的藥物並不會有耐藥性，戒斷現象也較輕微。而且在藥物依賴的定義上，關鍵是患者明知服藥會帶來負面後果，卻依然渴望藥物而且會去尋找藥物，並做出服藥舉動。然而因憂鬱障礙與焦慮障礙而服用抗憂鬱藥反而能改善生活品質，等症狀好轉後再減藥或停藥也並不困難。[43]

不過，也不是所有的精神科藥物都是安全且不會產生依賴性的。暫時減輕焦慮、緊張、失眠症狀的抗焦慮劑和安眠藥有可能會產生依賴問題。偶爾會有人主張包括抗憂鬱藥在內的所有精神科藥物都會產生依賴性，我們必須確認提出主張的人是否為專家。醫生也會在診間先確認患者對服藥的擔憂或恐懼等，在對藥物充分討論過後，若患者決定服用藥物，才會開始進行藥物治療。

藥物治療有助於改善精神障礙症狀，對於因重複性負面思考而疲憊不堪的患者幫助特別大。美國伊利諾大學的研究團隊以九十一位憂鬱症、焦慮症、創傷後壓力症候群患者為研究對象，研究藥物治療和認知行為治療是否對減少重複性負面思考有幫助。結果顯示，和認知行為治療一樣，服用抗憂鬱的藥物能夠減少負面思考的反覆。[44]

臺灣醫院也在學術期刊上發表了一項發現，他們讓持續兩年患有憂鬱症的患者服用一種名為阿立哌唑（Aripiprazole）的藥物，患者的重複性負面思考減少，憂鬱症狀也大幅改善了。憂鬱症患者的前扣帶皮層（位於額葉內側大腦中央的區域，處理情緒、認知、自律神經系統調節等相關的多種信號）功能低下，該藥物透過恢復患者前扣帶皮層的功能，讓人擺脫重複性的負面思考，從而改善憂鬱症狀。[45]

實際臨床情況中，抗憂鬱藥或抗憂鬱藥與阿立哌唑合併療法有助憂鬱症患者擺脫負面想法，這對憂鬱症的康復幫助很大。雖然藥物治療能有效減少重複性思考，但若不是憂鬱症或焦慮症患者，服藥就要小心。所有藥物都有副作用，最常用的抗憂鬱藥艾司西酞普蘭（Escitalopram）就有數十種副作用。當然嚴重的副作用很少見，大部分的副作用會隨服用時間逐漸減輕。儘管如此，

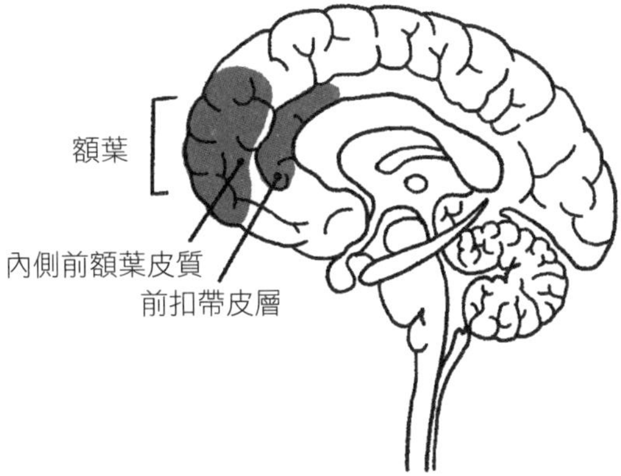

所有藥物都有危險。服藥前一定要充分權衡用藥可能產生的效果和副作用，判斷效果比副作用大時才能服用。

重點處方

抗憂鬱藥能減少憂鬱與焦慮症狀，也能有效地讓患者擺脫重複性思考，無需擔心對抗憂鬱藥的依賴。如果你已經為擺脫重複性負面思考嘗試了各式各樣的方法，卻依舊難以擺脫這種情況，建議去精神科諮詢一下專家，了解這個情況是否為憂鬱症或焦慮症，以及服用藥物是否有幫助。

結語　改變生活的思考技術

我們為什麼會反芻思考呢？

我們該如何擺脫重複性的負面思考呢？

這本書是我對上述問題探索、思考與反省後的結果。我一邊思考如何協助深陷想法的患者，同時也反省了想法很多的自己，努力想讓自己改變。我把這個過程記錄下來，不知不覺就集結成書。希望這本書能為苦於憂鬱和焦慮的人帶來症狀減輕的效果，為想成長的人帶來改變的機會。

各位和我的旅程到此結束，但是改變想法的旅程才剛開始。最重要的是我希望大家一定要記住「檢視自身的後設覺察」並予以實踐，因為藉此我們能了解並改變思考模式。我想說的是，在十種思考技術中，這是最基本、最重要的技術。

即便預期的改變沒有馬上發生也不要因此感到失望。靠心靈與行動馬上戲劇性改變生活的情況很少見，這種方法反而是像滴水穿石一樣，持續匯聚小小的力量，最終引發生活上的大變化。若持續在生活中應用本書所介紹的思考技術，總有一天會發現自己的生活發生巨大的變化。正如作家陸可鐸（Max Lucado）所說：「失敗只有我們沒有從中學習時才會致命。」如果藉此學到了些什麼，那我們就已經有所成長，更進一步了。

決定出版書籍後，我很擔心自己能否寫出好文章，會不會受人批評。家人的溫暖與支持給了我很大的力量，有他們的支持與鼓勵，我才能鼓起勇氣把想法寫出來。如果有人和我一樣有夢想卻猶豫不決，希望這本書能帶給你勇氣，同時我也要為大家的變化與成長加油打氣。

參考資料

1. Killingsworth MA, Gilbert DT, "A wandering mind is an unhappy mind", *Science*. 2010 Nov 12; 330(6006):932. doi: 10.1126/science.1192439. PMID: 21071660.

2. Spinhoven P, Drost J, van Hemert B, Penninx BW, "Common rather than unique aspects of repetitive negative thinking are related to depressive and anxiety disorders and symptoms", *J Anxiety Disord*. 2015 Jun;33:45-52. doi: 10.1016/j.janxdis.2015.05.001. Epub 2015 May 11. PMID: 26004746.

3. Spinhoven P, van Hemert AM, Penninx BW, "Repetitive negative thinking as a predictor of depression and anxiety: A longitudinal cohort study", *J Affect Disord*. 2018 Dec 1;241:216-225. doi: 10.1016/j.jad.2018.08.037. Epub 2018 Aug 10. PMID: 30138805.

4. Killingsworth MA, Gilbert DT, "A wandering mind is an unhappy mind.", *Science*. 2010 Nov 12; 330(6006):932. doi: 10.1126/science.1192439. PMID: 21071660.

5. Griesbauer EM, Manley E, Wiener JM, Spiers HJ, "London taxi drivers: A review of neurocognitive studies and an exploration of how they build their cognitive map of London", *Hippocampus*. 2022 Jan;32(1):3-20. doi: 10.1002/hipo.23395. Epub 2021 Dec 16. PMID: 34914151.

6. Van der Kolk B, "The body keeps the score: Mind, brain and body in the transformation of trauma", penguin UK, 2014.

7. Mandell D, Siegle GJ, Shutt L, Feldmiller J, Thase ME, "Neural substrates of trait ruminations in depression", *J Abnorm Psychol*. 2014 Feb;123(1):35-48. doi: 10.1037/a0035834. PMID: 24661157; PMCID: PMC4128503.

8. Darnai G, Matuz A, Alhour HA, Perlaki G, Orsi G, Arató Á, Szente A, Áfra E, Nagy SA, Janszky J, Csathó Á, "The neural correlates of mental fatigue and reward processing: A task-based fMRI study", *Neuroimage*. 2023 Jan;265:119812. doi: 10.1016/j.neuroimage.2022.119812. Epub 2022 Dec 13. PMID: 36526104.

9. Burkhouse KL, Jacobs RH, Peters AT, Ajilore O, Watkins ER, Langenecker SA, "Neural correlates of rumination in adolescents with remitted major depressive disorder and healthy controls", *Cogn Affect Behav Neurosci*. 2017 Apr;17(2):394-405. doi: 10.3758/s13415-016-0486-4. PMID: 27921216; PMCID: PMC5366093.

10. Sun X, Zhu C, So SHW, "Dysfunctional metacognition across psychopathologies: A meta-analytic review", *Eur Psychiatry*. 2017 Sep;45:139-153. doi: 10.1016/j.eurpsy.2017.05.029. Epub 2017 Jun

7. PMID: 28763680.

11. Nordahl H, Anyan F, Hjemdal O, "Prospective Relations Between Dysfunctional Metacognitive Beliefs, Metacognitive Strategies, and Anxiety: Results From a Four-Wave Longitudinal Mediation Model", *Behav Ther*. 2023 Sep;54(5):765-776. doi: 10.1016/j.beth.2023.02.003. Epub 2023 Feb 17. PMID: 37597956.

12. Huntley CD, Fisher PL, "Examining the role of positive and negative metacognitive beliefs in depression", *Scand J Psychol*. 2016 Oct; 57(5):446-52. doi: 10.1111/sjop.12306. Epub 2016 Jul 11. PMID: 27401146.

13. Yılmaz AE, Gençöz T, Wells A, "The temporal precedence of metacognition in the development of anxiety and depression symptoms in the context of life-stress: a prospective study", *J Anxiety Disord*. 2011 Apr;25(3):389-96. doi: 10.1016/j.janxdis.2010.11.001. Epub 2010 Nov 9. PMID: 21144700.

14. Wilkinson PO, Goodyer IM, "The effects of cognitive-behavioural therapy on mood-related ruminative response style in depressed adolescents", *Child Adolesc Psychiatry Ment Health*. 2008 Jan 29;2(1):3. doi: 10.1186/1753-2000-2-3. PMID: 18230146; PMCID: PMC2266703.

15. Hardeveld F, Spijker J, De Graaf R, Nolen WA, Beekman AT, "Recurrence of major depressive disorder and its predictors in the general population: results from the Netherlands Mental Health Survey and Incidence Study (NEMESIS)", *Psychol Med*. 2013 Jan;43(1):39-48. doi: 10.1017/

S0033291712002395. Epub 2012 Oct 31. PMID: 23111147.

16. Michalak J, Hölz A, Teismann T, "Rumination as a predictor of relapse in mindfulness-based cognitive therapy for depression" *Psychol Psychother*. 2011 Jun;84(2):230-6. doi: 10.1348/147608310X520166. Epub 2011 Apr 13. PMID: 22903859.

17. Toyoshima K, Ichiki M, Inoue T, Shimura A, Masuya J, Fujimura Y, Higashi S, Kusumi I, "Subjective cognitive impairment and presenteeism mediate the associations of rumination with subjective well-being and ill-being in Japanese adult workers from the community" *Biopsychosoc Med*. 2021 Oct 2;15(1):15. doi: 10.1186/s13030-021-00218-x. PMID: 34600577; PMCID: PMC8487485.

18. Karabati S, Ensari N, Fiorentino D, "Job Satisfaction, Rumination, and Subjective Well-Being: A Moderated Mediational Model", *J Happiness Stud*. 2019; 251–268. doi:10.1007/s10902-017-9947-x

19. Kim S, Thibodeau R, Jorgensen RS, "Shame, guilt, and depressive symptoms: a meta-analytic review", *Psychol Bull*. 2011 Jan;137(1):68-96. doi: 10.1037/a0021466. PMID: 21219057.

20. Kobayashi, Emiko, Harold Grasmick, and Gustav Friedrich, "A cross¯cultural study of shame, embarrassment, and management sanctions as deterrents to noncompliance with organizational rules", *Communication Research Reports*. 2001 18.2; 105-117. doi:10.1080/08824090109384788

21. Dijksterhuis A, Bos MW, van der Leij A, van Baaren RB, "Predicting soccer matches after unconscious and conscious thought as a function of expertise", *Psychol Sci*. 2009 Nov;20(11):1381-7. doi: 10.1111/j.1467-9280.2009.02451.x. Epub 2009 Oct 8. PMID: 19818044.

22. Levitt, Steven D, "Heads or tails: The impact of a coin toss on major life decisions and subsequent happiness.", *Rev Econ Stud*. 2021 88:378-405.

23. Xie L, Kang H, Xu Q, Chen MJ, Liao Y, Thiyagarajan M, O'Donnell J, Christensen DJ, Nicholson C, Iliff JJ, Takano T, Deane R, Nedergaard M, "Sleep drives metabolite clearance from the adult brain", *Science*. 2013 Oct 18;342(6156):373-7. doi: 10.1126/science.1241224. PMID: 24136970; PMCID: PMC3880190.

24. Irwin MR, Vitiello MV, "Implications of sleep disturbance and inflammation for Alzheimer's disease dementia", *Lancet Neurol*. 2019 Mar;18(3):296-306. doi: 10.1016/S1474-4422(18)30450-2. Epub 2019 Jan 17. PMID: 30661858.

25. Cho YW, Shin WC, Yun CH, Hong SB, Kim J, Earley CJ, "Epidemiology of insomnia in korean adults: prevalence and associated factors", *J Clin Neurol*. 2009 Mar;5(1):20-3. doi: 10.3988/jcn.2009.5.1.20. Epub 2009 Mar 31. PMID: 19513329; PMCID: PMC2686894.

26. Galbiati A, Giora E, Sarasso S, Zucconi M, Ferini-Strambi L, "Repetitive thought is associated with both subjectively and objectively recorded polysomnographic indices of disrupted sleep in insomnia disorder", *Sleep Med*. 2018 May;45:55-61. doi: 10.1016/j.sleep.2017.10.002. Epub 2017 Oct 24.

PMID: 29680429.

27. Hager NM, Judah MR, Milam AL, "Loneliness and Depression in College Students During the COVID-19 Pandemic: the Role of Boredom and Repetitive Negative Thinking", *Int J Cogn Ther.* 2022;15(2):134-152. doi: 10.1007/s41811-022-00135-z. Epub 2022 Apr 8. PMID: 35432692; PMCID: PMC8990489.

28. Kane MJ, McVay JC, "What mind wandering reveals about executive-control abilities and failures.", *Curr Dir Psychol Sci.* 2012 21.5:348-354.

29. Schooler JW, Smallwood J, Christoff K, Handy TC, Reichle ED, Sayette MA, "Meta-awareness, perceptual decoupling and the wandering mind", *Trends Cogn Sci.* 2011 Jul;15(7):319-26. doi: 10.1016/j.tics.2011.05.006. Epub 2011 Jun 20. PMID: 21684189.

30. Zhou HX, Chen X, Shen YQ, Li L, Chen NX, Zhu ZC, Castellanos FX, Yan CG, "Rumination and the default mode network: Meta-analysis of brain imaging studies and implications for depression", *Neuroimage.* 2020 Feb 1;206:116287. doi: 10.1016/j.neuroimage.2019.116287. Epub 2019 Oct 23. PMID: 31655111.

31. Brand S, Colledge F, Ludyga S, Emmenegger R, Kalak N, Sadeghi Bahmani D, Holsboer-Trachsler E, Pühse U, Gerber M, "Acute Bouts of Exercising Improved Mood, Rumination and Social Interaction in Inpatients With Mental Disorders", *Front Psychol.* 2018 Mar 13;9:249. doi: 10.3389/fpsyg.2018.00249. PMID: 29593592; PMCID: PMC5859016.

32. Rosenbaum S, Sherrington C, Tiedemann A, "Exercise augmentation compared with usual care for post-traumatic stress disorder: a randomized controlled trial", *Acta Psychiatr Scand.* 2015 May;131(5):350-9. doi: 10.1111/acps.12371. Epub 2014 Dec 1. PMID: 25443996.

33. Radvansky GA, Krawietz SA, Tamplin AK, "Walking through doorways causes forgetting:Further explorations", *Q J Exp Psychol (Hove).* 2011 Aug;64(8):1632-45. doi: 10.1080/17470218.2011.571267. Epub 2011 May 24. PMID: 21563019.

34. Kühn S, Berna F, Lüdtke T, Gallinat J, Moritz S, "Fighting Depression: Action Video Game Play May Reduce Rumination and Increase Subjective and Objective Cognition in Depressed Patients", *Front Psychol.* 2018 Feb 12;9:129. doi: 10.3389/fpsyg.2018.00129. PMID: 29483888; PMCID: PMC5816361.

35. Virtanen M, Ferrie JE, Singh-Manoux A, Shipley MJ, Stansfeld SA, Marmot MG, Ahola K, Vahtera J, Kivimäki M, "Long working hours and symptoms of anxiety and depression: a 5-year follow-up of the Whitehall II study", *Psychol Med.* 2011 Dec;41(12):2485-94. doi: 10.1017/S0033291711000171. Epub 2011 Feb 18. PMID: 21329557; PMCID: PMC3095591.

36. Hayashi R, Iso H, Yamagishi K, Yatsuya H, Saito I, Kokubo Y, Eshak ES, Sawada N, Tsugane S, "Japan Public Health Center-Based (JPHC) Prospective Study Group. Working Hours and Risk of Acute Myocardial Infarction and Stroke Among Middle-Aged Japanese Men - The Japan Public Health Center-Based Prospective Study Cohort II", *Circ J.* 2019 Apr 25;83(5):1072-1079. doi:

10.1253/circj.CJ-18-0842. Epub 2019 Mar 6. PMID: 30842356.

37. Sloan DM, Marx BP, Epstein EM, Dobbs JL, "Expressive writing buffers against maladaptive rumination", *Emotion*. 2008 Apr;8(2):302-6. doi: 10.1037/1528-3542.8.2.302. PMID: 18410204.

38. Feruglio S, Matiz A, Grecucci A, Pascut S, Fabbro F, Crescentini C, "Differential effects of mindfulness meditation conditions on repetitive negative thinking and subjective time perspective: a randomized active-controlled study", *Psychol Health*. 2021 Nov;36(11):1275-1298. doi: 10.1080/08870446.2020.1836178. Epub 2020 Oct 23. PMID: 33094652.

39. Owens M, Bunce HLI, "Nature-Based Meditation, Rumination and Mental Wellbeing", *Int J Environ Res Public Health*. 2022 Jul 26;19(15):9118. doi: 10.3390/ijerph19159118. PMID: 35897493; PMCID: PMC9332585.

40. Wood W, Quinn JM, Kashy DA, "Habits in everyday life: thought, emotion, and action", *J Pers Soc Psychol*. 2002 Dec;83(6):1281-97. PMID: 12500811.

41. Baladron J, Hamker FH, "Habit learning in hierarchical cortex-basal ganglia loops", *Eur J Neurosci*. 2020 Dec;52(12):4613-4638. doi: 10.1111/ejn.14730. Epub 2020 May 16. PMID: 32237250.

42. Lally P, Van Jaarsveld CH, Potts HW, Wardle J, "How are habits formed: Modelling habit formation in the real world", *J. Eur J Soc Psychol*. 2010 40(6):998-1009.

43. Heinz A, Daedelow LS, Wackerhagen C, Di Chiara G, "Addiction theory matters-Why there is no

dependence on caffeine or antidepressant medication", *Addict Biol.* 2020 Mar;25(2):e12735. doi: 10.1111/adb.12735. Epub 2019 Mar 21. PMID: 30896084.

44. Feurer C, Francis J, Ajilore O, Craske MG, Phan K, Klumpp H, "Emotion regulation and repetitive negative thinking before and after CBT and SSRI treatment of internalizing psychopathologies", *Cognit Ther Res*. 2021. 45, 1064-1076.

45. Hou YC, Lai CH, "Aripiprazole monotherapy can relieve ruminations in a case with nonpsychotic depression", *J Neuropsychiatry Clin Neurosci*. 2014 Fall;26(4):E32-3. doi: 10.1176/appi.neuropsych.13100324. PMID: 26037881.

國家圖書館出版品預行編目（CIP）資料

首爾精神科醫生的想不停自救指南：運用腦科學破解「鑽牛角尖」的反芻思考，脫離內耗惡性循環／裵種彬著；陳思瑋譯. -- 初版. -- 新北市：方舟文化，遠足文化事業股份有限公司，2025.02
面；　公分. --（心靈方舟；60）

譯自：생각의 배신

ISBN 978-626-7596-43-2（平裝）

1.CST：思維方法 2.CST：思考 3.CST：精神疾病治療

176.4　　113020460

方舟文化官方網站　　方舟文化讀者回函

心靈方舟 0060

首爾精神科醫生的想不停自救指南

運用腦科學破解「鑽牛角尖」的反芻思考，脫離內耗惡性循環

생각의 배신

The Way of Thinking: How to Save your Brain from Anxious, Nervous, and Distracted Mind

作　　者　배종빈 (Bae Jong-Bin, 裵種彬)
譯　　者　陳思瑋

封面設計　張天薪
內頁設計　莊恒蘭
資深主編　林雋昀
行　　銷　林舜婷
行銷經理　許文薰
總 編 輯　林淑雯

出 版 者　方舟文化／遠足文化事業股份有限公司
發　　行　遠足文化事業股份有限公司（讀書共和國出版集團）
231 新北市新店區民權路 108-2 號 9 樓
電話：（02）2218-1417　　傳真：（02）8667-1851
劃撥帳號：19504465　　戶名：遠足文化事業股份有限公司
客服專線：0800-221-029　　E-MAIL：service@bookrep.com.tw
網　　站　www.bookrep.com.tw
印　　製　呈靖彩藝有限公司
法律顧問　華洋法律事務所　蘇文生律師
定　　價　380 元
初版一刷　2025 年 2 月
ISBN　978-626-7596-43-2 書號 0AHT0060

생각의 배신
The Way of Thinking

생각의 배신
The Way of Thinking